Íngrid Betancourt

¿Historias del corazón o razón de Estado?

Íngrid Betancourt
¿Historias del corazón o razón de Estado?

Jacques Thomet

Traducción de Mauricio Vargas,
con la colaboración de Dominique Rodríguez Dalvard.

Planeta

© *Ingrid Betancourt. Histoire de cœur ou reison d'État?*
2006, Éditions Hugo el compagnie
38, rue La Condamine - 75017 Paris
ISBN: 2-7556-0072-1

© Jacques Thomet, 2006

© Editorial Planeta Colombiana S. A., 2006
Calle 73 N° 7-60, Bogotá
© Traducción de Mauricio Vargas, con la colaboración
de Dominique Rodríguez Dalvard

Cubierta: fotografía de la Revista *Cromos*, de Alfonso Durier

Primera edición: marzo de 2006

ISBN: 958-42-1410-1

Impreso por: Quebecor World Bogotá S. A.

A Marie-Ange, Nieves, Laurent, Julien
y a toda mi familia,
¡cuyo afecto y paciencia
me hicieron escalar montañas!

Agradecimientos

Agradezco los consejos y estímulos de Alain Ammar, Marie-Ange Fernández, Jean-Michel Lacombe, Eduardo Mackenzie, Jean-Pierre Tailleur, sin olvidar a todo el equipo de Hugo, ni, por supuesto, a mis fuentes, a las que no pude citar por razones de seguridad y quienes me ayudaron a sobrellevar este reto.

A todos ellos, un caluroso agradecimiento.

Obra dirigida por Alain Carné e Isabelle Antoni.

Índice

Prefacio

Un secuestro es ante todo una tragedia para la víctima, su familia y sus allegados. El de Íngrid Betancourt, en Colombia, se ha convertido también en un asunto de Estado entre París y Bogotá.

Esta búsqueda, explorada a través de las más altas fuentes de los dos lados del Atlántico, intenta establecer los hechos, nada más que los hechos, para hacer surgir una verdad oculta bajo mentiras, omisiones, presiones y una intoxicación mediática de un nivel pocas veces alcanzado en Francia.

El calvario al que ha sido sometida luego de cuatro años la entonces candidata del partido Oxígeno (Verdes) para la Presidencia de la República, por más insoportable e inaceptable que lo sea en el plano humano, no puede librarse de un aclaramiento tan independiente como sea posible sobre los múltiples aspectos de esta maraña de desinformación.

Claro está que no se trata, en ningún caso, de tirar a la lona a una mujer, que sufre en carne propia y en su corazón, ni a su familia, privada de su presencia, sino de revelar las consecuencias políticas, económicas y financieras de un escándalo hasta aquí triunfante. Sería inconcebible callarse las motivaciones y sus consecuencias encubiertas de una seudodefensa de esta célebre rehén, así como que los resbalones del poder francés han contribuido a mantenerla —al

contrario de sus pretensiones— en los calabozos de un grupo calificado como "terrorista" por la Unión Europea desde mayo de 2002:
las Fuerzas Armadas Revolucionarias de Colombia (FARC).

Para el telespectador francés, moldeado sólo a través de una versión de los hechos, la mirada a este asunto no puede ser más simple:
una personalidad política franco-colombiana, Íngrid Betancourt, es
rehén de una guerrilla romántica.

El único error se le imputaría, sin lugar a dudas, al presidente
colombiano Álvaro Uribe, quien se habría opuesto al intercambio
de los 1.900 rehenes por los 900 militantes de las FARC detenidos
en prisiones del país andino. Esta presumida falta de decisión se le
imputa al mandatario por parte de la familia de Íngrid Betancourt,
apoyada por un poderoso cabildo en Francia.

Esta imagen en blanco y negro no corresponde de ninguna manera a una realidad que yo mismo palpé, durante el secuestro de la
candidata y después de éste. La conocí y la entrevisté en plena campaña electoral ya que era el director de la Agencia France Presse (AFP)
en Bogotá, cargo que ejercí desde 1999 hasta 2004.

La investigación que realicé me permitió llegar a una conclusión
implacable para con los actores franceses involucrados en este drama, en el más alto nivel del Estado. Su poca pericia prolongó el
calvario de Íngrid, cuando se trataba de intentar reducir la distancia del camino y, por ende, del dolor. Los hechos no les permitirán
ocultar esta realidad. Asumo las consecuencias de mis conclusiones,
así como deberán asumir las consecuencias de sus actos aquellos de
los que se habla, si una comisión parlamentaria, o incluso el poder
judicial, algún día se decide a analizar su prevaricato.

El asunto Betancourt resulta prioritario por encima del canje, y
obedece a una serie de conflictos de intereses personales, en detrimento de la razón de Estado.

Este escándalo traduce la ceguera de la población saturada por
la propaganda y el poder de engaño en mano de las élites que ma-
nipulan la información en un país, Francia, abanderado de la libre
expresión en el mundo.

El asunto Betancourt oculta el drama de millones de familias azotadas en Colombia por sicarios, así como las masacres (¡a veces con motosierra!), o los tres mil secuestros de civiles por año (hasta 2002), la pobreza insigne y el desplazamiento forzado de más de dos millones de personas por la presión de los grupos armados.

El asunto Betancourt ilustra, a fin de cuentas, la incomprensible benevolencia de Jacques Chirac hacia Dominique de Villepin. El presidente francés ha cerrado los ojos ante otra desgraciada iniciativa de su ministro, de Relaciones Exteriores de la época. Su futuro primer ministro sin consultarlo, sin advertirles ni a las autoridades brasileñas ni colombianas, se dio al rocambolesco intento de traerse a Íngrid a París en la "Operación 14 de julio", en 2003.

En conclusión, el asunto Betancourt se produce en un país en plena guerra civil y podría parecer un sainete si no se inscribiera en un contexto trágico, con un poder francés y su exembajador en Colombia demasiado cerca de la rehén, Íngrid, y de su hermana mayor, Astrid, como para no entremezclarse con los intereses del Estado.

I

Los Pies Niquelados en la Amazonia*

" Dime, amigo: si las Fuerzas Armadas Revolucionarias de Colombia (FARC) me secuestraran, ¿acaso Francia enviaría a la selva amazónica un Hércules C-130 para venir a buscarme?".

Ante esta súbita pregunta, mi comensal se atoró con el sorbo de vino tinto chileno, se recostó sobre la mesa, luego se enderezó, y con una carcajada me dijo: "¿Estás bromeando? ¡Jamás, mi querido amigo, mi pobre y viejo amigo!".

Almorzamos él y yo sobre una terraza que da al parque de la 93 en Bogotá, a fines de noviembre de 2003. Un viento seco disipa el picante sol del periodo estival colombiano.

Cuatro meses acaban de transcurrir desde la lamentable "Operación 14 de julio" en Manaos, capital del estado del Amazonas, en el Brasil.

Echando chispas, olvida las quemaduras del verano andino, curtido por la vergüenza de pertenecer a una administración que está detrás del envío al Brasil de un avión de transporte militar francés Hércules C-130 para ir a buscar, en vano, a Íngrid Betancourt, al término de tribulaciones rocambolescas.

---

* Los Pies Niquelados: se trata de unas tiras cómicas famosas en Francia sobre las aventuras picarescas de tres compadres.

Él es un diplomático de la embajada de Francia en la capital colombiana. Callaremos, como es obvio, su nombre para no acabar con su carrera.

En cuanto a mí, soy para entonces director de la Agencia France Presse en Colombia, cargo que ocupo desde julio de 1999, en un país en el que no pasa un día sin un atentado, una masacre, o la captura de un alijo de cocaína, hasta la investidura como nuevo presidente de Álvaro Uribe, el 7 de agosto de 2002, con un programa militarista antiguerrillero.

Mi amigo diplomático está a tal punto "hasta la coronilla", según sus propias palabras, que suelta la lengua, durante todo el almuerzo, para denunciar este "asqueroso asunto Betancourt", aun si se compadece, como todo el mundo, por la suerte de la rehén.

"Y yo no soy el único en la embajada en Bogotá; todo el mundo ha tenido ya suficiente de ver instalarse un buen día un conflicto de intereses tan evidente, a expensas de los intereses de Francia. ¡Hasta la coronilla!", reitera.

Habitualmente discreto, como todos los servidores del Quai d'Orsay, se suelta, sin freno, para descargar mejor su conciencia. La indignación lo ahoga. La ha contenido cada vez con mayor dificultad con el paso de los meses. El hastío de los diplomáticos franceses se explica largamente. Su misión consiste en desarrollar las relaciones políticas, culturales y comerciales con un país rico en café, carbón, petróleo, azúcar, tabaco, papas, esmeraldas, y ávido de comprar material militar y tecnológico de punta. Pero su agenda está casi totalmente consagrada a lo que muy pronto se convierte en "el asunto Betancourt", por cuenta de la avalancha de reacciones internacionales que claman por la liberación de la rehén.

Ahora bien, Íngrid sólo es francesa por adopción. Esta colombiana de pura sangre obtuvo la doble nacionalidad gracias a su matrimonio en 1984 con un diplomático francés de la sección comercial, Fabrice Delloye, de quien se divorció en 1990.

En el momento de su secuestro por los comunistas de las FARC, era candidata a la elección presidencial de mayo de 2002, que ganaría

Álvaro Uribe. Según un vocero del comité francés de solidaridad con Íngrid Betancourt, son muchos sus admiradores en Francia, víctimas de una equivocación. El apellido Betancourt suena totalmente francés, se parece a un toque de corneta, y puede incluso confundirse con el de Liliane Schueller-Bettencourt, la patrona del Grupo L'Oréal.

Para fletar desde la base militar de Évreux este avión de transporte Hércules C-130, fabricado en Estados Unidos, con once agentes de los servicios secretos a bordo, material médico, pero tal vez también cajas de dólares y de armas[1], hay que pertenecer al cenáculo del poder. Para ser el beneficiario de todo esto, conviene responder a los imperativos superiores del Estado para una operación secreta, o simplemente llamarse Íngrid Betancourt.

Fue lo que sucedió el 9 de julio de 2003 cuando este aparato con su carga, cuando menos explosiva, termina por aterrizar, sin matrícula —contrariamente a la reglamentación aérea— ni solicitud de autorización previa, en el aeropuerto de Manaos, en el Brasil, para una posible liberación de la franco-colombiana, en poder de la guerrilla desde el 23 de febrero de 2002.

En medio de la humedad tropical de esta antigua capital del caucho, los pasos en falso van a sucederse a un ritmo desolador para la dignidad de la república francesa.

Ni Brasilia ni Bogotá han sido en ese momento informadas por Francia de semejante tentativa de recuperación de la rehén en la Amazonia, cuyo territorio es siete veces más grande que Francia. Este infierno verde sigue siendo el pulmón del planeta, a pesar de una deforestación sostenida por los traficantes de las maderas nobles, como la jacaranda.

Cuatro días más tarde, el 13 de julio, el aparato embarca todo su pequeño mundo, y toma vuelo para Cayena (en el departamento de ultramar de la Guyana vecina), pero sin la famosa rehén, y con una bomba de tiempo: el escándalo de los Pies Niquelados en el Amazonas.

---

1. Ciertas fuentes me lo han confirmado, otras lo han negado.

El jefe de información de la CIA en Bogotá, el coronel del ejército norteamericano Bill Braves[2], colgó su fila de condecoraciones a su vestido militar verde, este 14 de julio de 2003, y disimula mal la ansiedad que lo taladra desde la mañana. Su cabello corto entrecano se funde en la multitud que asiste para la celebración de la fiesta nacional en la residencia de la embajada de Francia.

Aun antes del himno cantado por los niños de una escuela local, los gorreros de costumbre han comenzado a asaltar las tablas de queso, jamón de Bayona, frutas y *petit fours* en los bufés instalados bajo las carpas del jardín. La lluvia, frecuente en esta ciudad de gran altura (2.640 metros), se ha ido de descanso para permitir que el sol juegue a gusto con el discreto escote de las bogotanas. La luz hace brillar las medallas de los condecorados en ese jardín tan grande como dos canchas de tenis.

Pero el coronel Braves no lanza ninguna mirada sobre las delicias del terruño francés. Él sólo tiene ojos para el estrado, lejos, allá en el fondo. El embajador, Daniel Parfait, inicia la distribución de las medallas de la Legión de Honor a los colombianos merecedores. El cuarto y último laureado no es otro que Yolanda Pulecio, la madre de Íngrid Betancourt[3]. Se convierte así en "Caballero de la Legión de Honor". La única entre los cuatro condecorados que pronuncia un discurso. Saca con las manos temblorosas una hoja de su cartera y, emocionada, la emprende de pronto contra el presidente de Colombia, Álvaro Uribe, a quien acusa de no hacer nada para obtener la liberación de su hija y los demás secuestrados.

El coronel Braves observa y se resiste a creer, hasta que mira mejor, y saca al fin sus conclusiones: Astrid Betancourt, hermana de la secuestrada, no está al lado de su madre. Es todo lo que él esperaba,

---

2. Se cambió su nombre para no encender la furia de la justicia estadounidense como en el asunto Judith Miller, periodista del *New York Times* detenida durante tres meses en el año 2005 por negarse a citar sus fuentes al revelar el nombre de un agente de la CIA.

3. Como en España, en Latinoamérica las mujeres casadas conservan su apellido de solteras.

todo lo que quería saber. No tiene nada más que hacer en la residencia de la embajada francesa y desaparece.

El funcionario estadounidense se frota las manos mentalmente para no atraer la atención. "¡Si Astrid no está acá, quiere decir que el pez ha mordido el anzuelo!", se dice a sí mismo antes de regresar al búnker[4] de la embajada americana.

Si es que no la han conducido ellos mismos, los diplomáticos norteamericanos y sus agentes secretos estaban al menos al corriente de la "Operación 14 de julio", y esperaban el fiasco.

Esa es, en todo caso, la certeza de un agente secreto europeo que observó el comportamiento del coronel Braves sobre el césped de la residencia de la embajada francesa. No quiso decirme más sobre las posibles implicaciones de la CIA en este humillante fracaso de Francia.

El escándalo de los Pies Niquelados en la Amazonia tiene sus raíces en el corazón mismo del palacio presidencial en Bogotá, el 3 de julio de 2003. El jefe del Estado, Álvaro Uribe, levantó su teléfono y llamó él mismo a Yolanda Pulecio. "Venga usted inmediatamente, tengo informaciones urgentes para usted", anuncia sin más detalle el jefe del Estado. Si el presidente de Colombia se toma el trabajo de convocarla, es porque la situación es grave, más aún teniendo en cuenta que los rumores no han dejado de crecer en los últimos meses sobre la eventualidad de una grave enfermedad de Íngrid, incluso de su muerte en Planadas, en el departamento del Tolima[5].

---

4. El búnker es un sobrenombre dado a la embajada de Estados Unidos en Colombia debido a la ausencia de ventanas con el fin de evitar posibles atentados con cohetes. Esta cancillería, enclavada en una zona muy cercana al aeropuerto Edorado, está a punto de convertirse en la más grande de Estados Unidos en el mundo, ya que Colombia es prioridad para Washington en la lucha contra la droga y la guerrilla. Su cerco será objeto de los ataques con cohetes lanzados desde la Universidad Nacional, situada a 800 metros de allí, por los militantes de las FARC luego de la investidura del presidente Álvaro Uribe al final del año 2002; este ataque no produjo víctimas o daños en la edificación. Uno de los cohetes caerá en el parque del ministerio público y los otros dos en el andén de un bulevar cercano.

5. Al suroeste de Bogotá.

Testigos han llegado a afirmar que vieron su cadáver en el hospital local. El director lo ha desmentido.

La madre de la secuestrada acude rápidamente al palacio, con el corazón a mil, flanqueada como siempre por Astrid, su hija mayor, de 45 años. Tiene un año más que Íngrid, y las dos son los únicos hijos de la familia Betancourt. Las dos mujeres se abstienen de invitar a Juan Carlos Lecompte, segundo esposo de Íngrid desde 1996.

Este personaje no está realmente integrado en la familia. Su estilo directo desagrada. Astrid Betancourt, su cuñada, se va a convertir en el deus ex máchina de casi todos los futuros sobresaltos de este asunto explosivo, como se demostrará en esta investigación. Sin embargo, ¿acaso no se pasea él por todos lados, en Colombia y en el extranjero, con un retrato gigante de su esposa? ¿No fue él el que lanzó una carretillada de estiércol en el 2003 en las escalinatas del Congreso en Bogotá, para significar la "corrupción" de los elegidos y su "desinterés" frente al drama de los secuestrados según sus propias palabras?

Su libro *En nombre de Íngrid*[6], publicado en Francia en 2005, constituye un vibrante himno de amor a la secuestrada.

En el despacho presidencial, Álvaro Uribe se ha hecho acompañar por un misterioso sujeto. Se trata de un presunto campesino de unos 60 años, acabado de llegar del Putumayo[7].

"Íngrid está enferma, las FARC van a liberarla; un intermediario de la guerrilla espera un miembro de su familia el 5 de julio, en Leticia, en la Amazonia, para mayores detalles e instrucciones precisas", revela en resumidas cuentas el misterioso interlocutor.

Nadie volverá a verlo. Nadie lo presentará ante la prensa, en un país donde los sospechosos son rápidamente presentados ante las cá-

---

6. Editado por Denoël-Impacts.

7. Este departamento del suroeste del país, en la frontera con Ecuador, se ha convertido en el principal productor de hojas de coca. La coca sirve para fabricar cocaína, de la cual Colombia es hoy en día su principal productor mundial, con 800 toneladas exportadas año tras año a pesar de la ayuda antidroga estadounidense.

maras y los flashes, delante de un escudo gigante del Departamento Administrativo de Seguridad (DAS)[8].

El número dos de la guerrilla de las FARC, Raúl Reyes, me asegurará en marzo de 2004, en desarrollo de una entrevista en un lugar secreto de las montañas de los Andes, que se trata, según él, "de un oficial en retiro de la XII Brigada del ejército, y que obedecía instrucciones de los servicios de inteligencia militares colombianos, es decir, del gobierno".

"Raúl Reyes no está ni tibio, ese tipo de señalamientos forma parte de su cultura", me replicará un agente de los servicios de inteligencia colombianos sin revelarme, no obstante, la identidad de este señor X, que yo habría tratado de contactar para grabar su testimonio en directo. Esta carencia lanza una duda sobre las motivaciones reales del ejecutivo colombiano en este asunto.

La sangre se congela en el corazón de las dos Betancourt. Invitado al domicilio de Astrid, un confortable apartamento en un quinto piso de la calle 82, entre las carreras 9 y 11, el campesino detalla sus informaciones.

"Los rebeldes no piden ningún rescate", precisa el intermediario. Como nunca antes las FARC han liberado a un secuestrado sin un acuerdo político o el pago de una "contribución revolucionaria", Astrid, tal como me lo confiará al regreso de su viaje a la selva, se aterroriza. La hermana menor de Íngrid es designada por su madre para viajar a Leticia. Para las dos, la vida de la secuestrada está en peligro y no hay tiempo que perder.

El 4 de julio, Astrid, amiga ya para entonces muy querida en el corazón del embajador francés en Colombia, Daniel Parfait, llega en avión comercial desde Bogotá a la capital del departamento colombiano del Amazonas, Leticia[9].

---

8. Se trata del servicio secreto de Colombia, dotado de 18.000 funcionarios.

9. Esta ciudad tiene la particularidad de estar situada a 1.200 km al sur de Bogotá, en el epicentro de tres fronteras. Colombia, Brasil y Perú se encuentran allí, sobre los bordes de la ribera del Solimoes, en un cruce de carreteras destapadas.

Estamos aquí en pleno corazón de la selva, en un lugar clave para el tráfico de drogas entre los tres países. La ausencia de carreteras en este reino del agua, las pirañas, las tarántulas, las serpientes venenosas y los jaguares, facilita las operaciones secretas. En todo caso, es lo que creerán los escuderos de la diplomacia francesa de la época.

La densidad de la vegetación impide allí detectar a los contrabandistas desde los aviones espías americanos o colombianos, suponen ellos.

Sin embargo, los C-26 del ejército colombiano merodean de modo permanente, pero sin éxito, tal como me lo confesarán un día dos pilotos colombianos. Son dos Merlín C-26, también llamados Metro 23, comprados a la empresa canadiense Firechild por el gobierno de Bogotá.

Bajo su nariz puntiaguda y un delgado fuselaje, estos aparatos pintados de blanco y no camuflados —así son de difíciles de detectar— están dotados de aparatos que detectan el calor humano. Pude verlos en una base secreta del ejército colombiano, con ocasión de la visita de un oficial americano de la lucha contra las drogas.

Los dos aviones trabajan a una altura de entre 10.000 y 25.000 pies (de 3 a 8 km), lejos del alcance de los lanzacohetes RPG-7 de los que dispone la guerrilla, para "sentir" y "detectar" a sus presas[10].

"Logramos siempre detectar a los guerrilleros y a sus secuestrados, pero como están siempre en movimiento hacia otros lugares de cautiverio, los rebeldes están ya lejos, tras horas de acelerada marcha, cuando finalmente llega al lugar un comando del ejército despachado con base en nuestras informaciones", se lamentará uno de los tenientes al conversar conmigo.

---

10. Estos aviones con forma de plato parecen extraños tiburones, con seis pequeñas alas sobre el vientre, parecidas a las del escualo. Se trata de una combinación electrónica al azar que roza el suelo y permite localizar con exactitud la presencia humana gracias a la intervención triangular de las líneas telefónicas celulares. Un equipo Flir permite finalmente al C-26 filmar día y noche, gracias a las cámaras infrarrojas, cada metro cuadrado de la Amazonia.

Este joven oficial, que me revela sus secretos sin preocuparse por la presencia de sus jefes ni de la amplitud de sus revelaciones, ni siquiera oculta su nombre, cosido sobre el pecho de su uniforme de la fuerza aérea.

No dispone de ningún guardaespaldas cuando llega a su domicilio, en Bogotá. Me reservo su identidad para evitarle ser excluido de su fuerza, desaparecer por la explosión de un carro bomba o ser abatido por asesinos en moto, una especialidad colombiana en la que una vida no vale ni siquiera cien euros...

En Leticia, Astrid entra en contacto, como lo sugiere "el campesino del Putumayo", con el sacerdote de la ciudad, el padre Gonzalo Arango. Un segundo encuentro tiene lugar esta vez con dos mujeres. Se trata de delegadas, aseguran ellas, de la guerrilla.

El padre y Astrid son invitados a apertrecharse para ingresar en la selva tropical totalmente inhóspita: vacuna contra la fiebre amarilla, loción repelente antimosquitos, botas reforzadas contra las mordeduras de serpiente, impermeable cortavientos, gorra, gafas de sol, saco de dormir, mosquitero, protector solar, en fin, el menaje de costumbre para ir a encontrarse con los rebeldes en las profundidades de la selva, limitando al máximo los riesgos[11].

El cura y la hermana de Íngrid alquilan entonces una *cigarette*, lancha dotada de poderosos motores para volar sobre las aguas. Navegan en el Solimoes, durante seis o siete horas, hasta São Antonio do Iça, donde el Putumayo desemboca en el Amazonas. Antes de alcanzar más abajo el río Negro, en Manaos, para formar el río Amazonas, el Solimoes recibe gran numero de afluentes, entre ellos el Putumayo, llamado Iça en el Brasil.

El núcleo duro de las FARC ha encontrado refugio en estas regiones amazónicas, impenetrables salvo por vía acuática, ante la total ausencia de carreteras o senderos.

---

11. Yo tuve que proveerme del mismo equipo en marzo de 2004 para partir al encuentro de Raúl Reyes, el portavoz de las FARC.

Incluso los helicópteros son incapaces de aterrizar, salvo en pistas demasiado alejadas de los campos de los rebeldes, para tener una eficacia mínima en el curso de una eventual operación militar.

Sólo un comando paracaidista del ejército podría aventurarse a intentar un rescate, pero sería detectado de inmediato y presa de las balas enemigas aun antes de tocar tierra.

En São Antonio do Iça, la larga espera comienza para Astrid, alcanzada en esa población por otro contacto, el padre Pedro César de Amaral Vieira.

Ella va a estar allí ocho largas jornadas, que pasa entre la misa de la mañana, un paseo por el pequeño mercado de frutas, único en el mundo[12], y una caminata por el puerto.

"Los delfines rosados, sus saltos armoniosos sobre las olas amarillas, ¡tuve de eso hasta la coronilla! Es hermoso, pero sólo vi eso, y sobre todo, nunca vi a mi hermana", me contará Astrid el 22 de julio en Bogotá, al regreso de su salvaje aventura.

Evocará conmigo "el horror de verse obligada a regresar, la miseria en el alma, la ansiedad". Durante todas esas noches no duerme, sitiada por las cucarachas, las arañas, en una pensión sombría, víctima, según una de mis fuentes militares, de tenaces bacterias en estas comarcas hostiles. Astrid decide regresar el 14 de julio a Leticia, vía Tabatinga. Otra de mis fuentes me asegurará, dos años más tarde, que la hermana de Íngrid tenía en realidad una cita urgente en esos días, con un agente de las FARC en Centroamérica, en Costa Rica, para intentar dilucidar este embrollo. Las dos versiones no se excluyen necesariamente.

Pero en Tabatinga, Astrid es interceptada por la Policía Federal (PF) brasileña. La revista *Carta Capital* relató a fines de julio de 2003, bajo la pluma de su director, Bob Fernandes, la entrevista

---

12. Yo conté cerca de 80 frutas diferentes sobre un puesto un día de 1988 en esa región.

entre Astrid y el comisario Mauro Sposito, de la PF, seguida de una declaración escrita.

Motivo de mi entrada al Brasil:

La familia tuvo una información sobre la voluntad de las FARC de liberar a mi hermana, Íngrid Betancourt, para entregársela a un representante de la Iglesia y a un miembro de la familia; dada la seriedad del contacto, viajé a Leticia, y luego, con el cura de Leticia a São Antonio do Iça, donde deberíamos recibir mayor información. Hemos permanecido ahí hasta hoy sin haber sido contactados.

Astrid Betancourt, 14 de julio de 2003.

São Antonio do Iça se encuentra a 870 kilómetros al oeste de Manaos, donde acaba de estallar el escándalo del Hércules C-130 enviado por Francia para una operación de salvamento de Íngrid Betancourt. Contactado por Astrid, Juan Carlos Lecompte va a sucederla entonces durante diez largas jornadas, en vano. Una vez más el marido de Íngrid va a recibir información parcial. "Fui informado cuando la operación (francesa) se había iniciado ya", reconoció luego frente a las cámaras de televisión.

Interrogado en Brasil sobre esta "intervención militar", por el comisario brasileño de la PF, Astrid le confiesa "ignorar lo que ha hecho el gobierno francés". Ella repite su declaración, y agrega, de buena fe ya que viene de pasar ocho días en la selva sin contacto telefónico: "Los franceses nos ayudan, yo lo sé, pero es lo único que sé".

Al mismo tiempo en Bogotá, el embajador francés Daniel Parfait condecora a Yolanda Pulecio; el coronel Braves de la CIA se escapa, dichoso, de la residencia de la embajada y la ministra colombiana de Relaciones Exteriores, Carolina Barco escucha, sin rechistar ni abandonar el lugar, los nuevos ataques de la madre de Íngrid contra el presidente Álvaro Uribe por su supuesto rechazo de un acuerdo humanitario a favor de un intercambio de prisioneros.

En cualquier otro país occidental, la ministra habría sido al menos reprendida por no haber provocado un escándalo diplomático de envergadura ante semejante situación. Pero esta hija de un an-

tiguo presidente colombiano (Virgilio Barco), educada en Estados
Unidos, ignora las malas maneras. La amabilidad forma parte de su
más pura naturaleza, tal como tendría ocasión de verificarlo luego.
El presidente colombiano, magnánimo, no le llamará la atención ante
esta ausencia de reacción. Ella aún se mantiene en su cargo.

Hasta esta fecha del 14 de julio de 2003, las autoridades colombianas han apretado los dientes, cerrado los ojos, y puesto oídos sordos ante los incesantes dicterios de París y de la familia Betancourt.
El régimen espera entonces un gesto de Francia para recibir un día a
los guerrilleros y liberarlos en el marco del canje. Álvaro Uribe evita
echar gasolina en el fuego.

Pero Bogotá ignora aun en ese momento hasta qué punto la patria de los derechos del hombre acaba de pisotear los usos y costumbres de la diplomacia, sin consideración con Brasil ni con Colombia,
en su "Operación 14 de julio"...

Cuando llega a Leticia el 4 de julio, Astrid Betancourt marca de
inmediato un número telefónico en su celular.

Con todo, no se trata de un llamado a la embajada de Francia en
Bogotá, contrariamente a lo que podría esperarse en semejante caso.

"Aló, Dominique, las FARC van a liberar a Íngrid; necesito tu ayuda", exclama ella en sustancia a su interlocutor, tal como me lo relató
una fuente diplomática francesa[13].

Ella explica a este "Dominique" su contacto con el campesino
del Putumayo, la certeza de la presidencia colombiana sobre la seriedad de sus informaciones y, sobre todo, su temor al saber que
su hermana está en peligro de muerte según las confesiones del supuesto campesino testigo de la luz verde de la guerrilla para la liberación. "Dominique" no es otro que el ministro francés de Asuntos
Exteriores de la época Dominique de Villepin, a quien ella se dirige

---

13. En una entrevista en 2003 para el reportaje *En quête d'Íngrid* (*En busa de
Íngrid*), difundida por el Canal +, Astrid Betancourt reconocerá haber estado en
contacto directo con el ministro de Asuntos Exteriores de ese entonces.

tan familiarmente por su nombre de pila y tutea desde su juventud común con su hermana y él en el barrio Latino de París a principios de los años noventa.

En el curso de la misma llamada, Astrid pide al ministro "una ayuda médica" de París para llevar a Íngrid a Francia y curarla. "Vamos a enviar un avión debidamente equipado", le responde Dominique de Villepin. El tenor de esta conversación entre Astrid y el ministro francés de Asuntos Exteriores de la época me lo contó la misma fuente diplomática.

Dicho y hecho. Menos de cuatro días después, los Pies Niquelados desembarcan sobre la pista de laterita del aeropuerto Eduardo Gómez, en Manaos, en medio de una nube de polvo rojizo.

"La mayoría tenía el aire de camorristas, de seguro con una formación militar", me contó una fuente brasileña testigo de la llegada a Manaos el 9 de julio del Hércules c-130 y de sus once pasajeros franceses.

Este avión de transporte militar, utilizado en todos los conflictos recientes en el planeta para transportar tropas y material, puede cargar 45 toneladas de armamento y 95 hombres a bordo.

Resulta difícil imaginar la movilización de un aparato tan voluminoso para una sola persona, aun si se le presume enferma. Procedente de Évreux, cerca de París, el aparato hace una escala en la isla de Cabo Verde, frente a la costa oeste de África, antes de aterrizar en la Amazonia.

El comandante de la nave tiene la autorización de aterrizaje, con el pretexto de "tanquear el aparato antes de llegar a Cayena", en la Guyana francesa, al este de Venezuela, según la misma fuente. A pesar de la evidencia geográfica, los policías brasileños de turno de esa jornada se tragan entera esta explicación, ¡a pesar de que Manaos se encuentra 2.000 kilómetros al oeste de Cayena, y no entre Francia y ese departamento de ultramar!

La legendaria gentileza de los brasileños se encarga del resto, sobre todo tratándose de un país amigo.

Francia, admirada entonces por su posición contra la guerra en Iraq a principios de 2003, es después de todo una fuente de inspiración para sus artistas, aun si Brasil entero recibió como una tragedia nacional la derrota (3-0) de los auriverdes (verde y amarillo, los colores nacionales) frente a los azules en la final de la Copa del Mundo de 1998 en el Estadio de Francia...[14]. La policía federal pide sin embargo permiso para inspeccionar el aparato, pero choca con el rechazo del grupo dirigido por Pierre-Henri Guignard, según la misma fuente brasileña. "Somos diplomáticos, y este avión forma parte del territorio francés", alega el alto funcionario, entonces adjunto al alto gabinete del ministro de Asuntos Exteriores, y su consejero para América Latina.

Siempre de punta en blanco, el verbo untuoso bajo el cabello liso peinado hacia atrás, Pierre-Henri Guignard ha sido diplomático en Canadá, Estados Unidos (Washington, D. C), luego en la delegación francesa de la ONU en Nueva York, durante los años noventa. De trato agradable, como corresponde a su función, dispone de todas las herramientas para coronar una carrera perfecta. Después de esta accidentada aventura, ocupa actualmente un cargo de primer nivel en la dirección de protocolo.

Aun si no tiene la experiencia para dirigir semejante operación de policía secreta en 2003 en pleno Amazonas, va sin embargo a intentar salir lo mejor librado posible frente al pedido expreso de su ministro.

El equipo del Hércules se aloja entonces en el hotel Tropical de Manaos, un cinco estrellas, plantado en medio de un bosque de acacias, con racimos de flores de un rojo vivo, en las afueras de la capital amazónica.

Desde el amanecer del 10 de julio, según el semanario *Carta Capital*, Pierre-Henri Guignard y tres de sus acompañantes fletan un

---

14. Más de 50 antenas de la Alianza Francesa continúan difundiendo en Brasil la lengua de Molière, aun en Manaos, a pesar de la penetración inevitable de la lengua inglesa tanto en esta parte del mundo como en otras.

avión Caraja de la compañía local Rico, a una tarifa de 5.900 dólares ida y vuelta, para dirigirse a São Paulo de Olivença, a orillas del río Solimoes. En la espesa selva, sólo este medio de transporte permite viajar rápidamente de una población a otra sin necesidad de tomar un barco, mucho más lento.

Para ese preciso instante, el grupo ha sido ya "ubicado", como se dice en el argot policial; en efecto, la policía federal brasileña arrienda cada mes más de 200 horas de avión al director de la compañía Rico, para operaciones específicas de control en una zona tropical sin ningún camino.

Rico es entonces un informante de primer nivel para los federales brasileños dirigidos en Manaos por Mauro Sposito, tal como me lo contará Jacques Devaleix, un industrial francés amigo de este oficial de la policía federal local...

Aun antes de lanzarse a la selva plagada de serpientes, el comando es ubicado, y con razón... Su odisea es descubierta incluso antes de comenzar.

La Amazonia no deja a nadie indiferente: ni los servicios secretos estadounidenses ni los militantes ecologistas a quienes Íngrid representa en Colombia.

En esta región estratégica, Estados Unidos vigila "todo lo que se mueve" gracias a sus satélites espías, me explica el mismo industrial.

A partir de la doctrina Monroe, derivada del apellido de un antiguo presidente estadounidense, Washington considera a Suramérica como su patio de atrás. Incluso los soviéticos retrocederán en perjuicio de Fidel Castro, cuando estalle la crisis de los misiles nucleares que Moscú intentó en vano instalar en Cuba en 1962.

Gracias al programa Cobra (contracción inglesa de Colombia-Brasil), los gringos[15] realizan un control aéreo en tiempo real de esta vasta superficie para espiar en ella el tráfico de cocaína, y si es posible

---

15. Sobrenombre peyorativo dado a los estadounidenses en el sur del continente americano.

los movimientos de la guerrilla colombiana. La sede de las operaciones es la base de Tabatinga, población brasileña al frente de Leticia.

Estas operaciones son duplicadas por el programa brasileño Anzol (anzuelo en portugués, la lengua del Brasil), controlado por Mauro Sposito, con la ayuda de una flotilla de piraguas con motor fuera de borda encargadas de observar con lupa el movimiento de barcos sobre los interminables ejes acuáticos del Amazonas. El comando francés ha caído en medio de esta telaraña selvática, en un acceso de prisa que el servicio secreto jamás habría apoyado si no fuera por las órdenes expresas de Dominique Villepin.

Mauro Sposito no tiene, pues, nada contra Francia, al contrario "si le hubieran advertido de esta operación, no se habría inmutado; en consecuencia, no habría detenido a los espías franceses", asegura Jacques Devaleix, quien recibió esta información "de la boca del caballo", es decir, de su amigo Mauro, un "gran poli", según él.

Este "Mauro" —en Brasil todo el mundo se llama por su nombre de pila, aun en las altas esferas del Estado— es el antiguo jefe de gabinete del célebre Romeu Tuma, exitoso jefe de la policía federal brasileña en Brasilia durante los años ochenta[16].

Víctima hoy en día de un cáncer traicionero contra el cual batalla día tras día, Jacques Devaleix conoce la Amazonia como la palma de la mano y está en capacidad de arrojar todas las luces sobre este asunto.

"No estoy haciendo nada malo, no tengo nada que reprocharme", declara con su voz apagada por el dolor para explicarme su decisión de hablar conmigo y de ser citado con su nombre en este libro, lo que resulta extremadamente útil en una investigación como ésta.

Delegado de la compañía francesa Sofremi (Sociedad Francesa de Exportación del Ministerio del Interior) en Brasil, Jacques Devaleix

---

16. Este es el mismo Romeu Tuma que encontró en 1985 el cadáver del antiguo jefe nazi Josef Mengele —llamado "El Ángel de la Muerte" debido a sus atroces experimentos médicos en el campo de concentración de Auschwitz— en el sur de São Paulo, y después, antes de que fuera extraditado a Italia, al excapo de la mafia italiana Tomasso Buscetta.

firmó en 1998 un contrato con la policía federal brasileña por un monto de 395 millones de dólares, para la fabricación —desde entonces hasta 2010— de helicópteros, sofisticados computadores, así como sistemas satelitales y de radio. Propiedad del ministerio francés del Interior, la Sofremi fue privatizada más tarde[17].

El contrato de Sofremi en Brasil fue firmado tras la visita a Brasil del presidente Jacques Chirac en 1997.

Ni sus delicadas responsabilidades ni su enfermedad permiten que Jacques Devaleix amaine su vida. "Brasil es un país amigo desde hace mucho tiempo y hemos enviado un comando de policías secretos a estas tierras, sin prevenir a sus autoridades, ¡como si se tratara de una tierra de conquista! Es una grave torpeza, cargada de ligereza y de grosería", me dice de entrada.

Los espías franceses, asegura, "llevaban armas en las manos cuando fueron aprehendidos, de tipo Beretta, si no me equivoco".

Majestuoso río de aguas amarillas y pesadas, el Solimoes se vierte sobre el río Negro, en Manaos. Esta desembocadura es una soberbia atracción turística, debido a que las aguas amarillas y negras de los dos afluentes gastan más de 20 kilómetros en mezclarse; hasta ese punto son diferentes sus respectivas densidades. En este intervalo el río, convertido ya en el Amazonas, parece un gigantes-

---

17. Cabe recordar que el nombre Sofremi no es desconocido por la justicia, pues tiene una serie de investigaciones que involucran personajes muy conocidos. El hombre de negocios francés Pierre Falcone fue también objeto, en enero de 2004, de una orden de arresto internacional en el marco de la investigación sobre una presunta venta ilegal de armas a Angola que provenían de Europa del Este, en 1993 y 1994, por más de 500 millones de euros. Uno de los hijos del expresidente francés François Mitterrand, Jean Christophe (un antiguo periodista de la AFP), ha sido investigado varias veces en el marco de esta indagación. Pero Pierre Falcone también fue el jefe de la sociedad de venta de armas Brenco. Una investigación se interesa por la entrega realizada por Sofremi, hace ya varios años, de una comisión de 1,82 millones de euros a Brenco, por una compra que se cerró en Colombia con la policía local. El antiguo ministro Charles Pasqua y el exprefecto Jean Charles Marchiani han sido igualmente investigados en el *dossier* Sofremi.

co helado de chocolate y maracuyá con las dos corrientes fluyendo paralelas.

Los cuatro franceses dejan en Manaos a sus siete compañeros: Dominique D., Dominique C., Gilles C., y otros cuatro cuyos nombres no han sido divulgados, S., Ca., B. y Ch., según *Carta Capital*. El piloto brasileño del Caraja alquilado por los cuatro franceses los lleva a buen puerto, con la misión de recogerlos al día siguiente 11 de julio, pero, por cuenta de un error, va a dar la alerta a su regreso a Manaos. El piloto, Cleiton de Abreu, ha comprendido vagamente, en el portugués de media lengua de sus pasajeros, que iban "a recoger a cuatro personas", y cree entonces que se trata de una toma de rehenes, con pago de rescates. Los secuestros no tienen nada de raro en estas comarcas fuera de la ley, donde reina la ley de la selva[18].

Mientras que el piloto "canta" frente a la policía federal, Pierre-Henri Guignard y los otros franceses alquilan una lancha motora y remontan el Solimoes para una cita estratégica con las FARC.

Tienen como tarea traer a Íngrid Betancourt, pero quizás también a Raúl Reyes, el número dos de esta guerrilla, que estaría afectado de un cáncer de la próstata para llevarlos a Francia. Eso lo asegurarán distintas fuentes a pesar de los desmentidos de la guerrilla.

Lo que sigue me lo contó una fuente diplomática brasileña. Un daño de motor impide al comando francés hacer contacto con los rebeldes, previsto aparentemente en São Antonio do Iça, donde Astrid continúa su conteo sin fin de los delfines rosados. El grupo vuelve a partir para São Paulo de Olivença con las manos vacías, Cleiton de Abreu los espera, embarca a su gente, y cuando los pasaje-

---

18. En las minas locales, el más pequeño *garimpeiro* (buscador de oro), autor de un desfalco del metal precioso a expensas de sus vecinos, no es llevado jamás ante la justicia. No necesita más que excavar un hoyo con una pala, antes de caer allí para ser enterrado al término de una ejecución breve, como lo pude verificar en Brasil en 1987 en un video proveído por uno de los verdugos de ese entonces. Allí se ve a uno de los traficantes de oro caminar bajo los baobabs antes de cavar su propia tumba y de caer allí después de ser abaleado.

ros aterrizan en Manaos, un comando de la policía federal los espera, esta vez con cara de circunstancia por el hecho de encontrarse ante posibles malhechores.

"Vamos a interrogarlos en la estación", les anuncia un oficial de la PF.

"Somos diplomáticos franceses y recusamos esa orden", responde Pierre-Henri Guignard.

"En ese caso, ustedes saben lo que me queda por hacer", replica el comisario de guardia.

Como la delegación francesa se resiste, el tono sube, y la tensión se vuelve palpable en esta atmósfera viscosa. El menor movimiento puede causar 500 gramos de transpiración.

El comisario brasileño no resiste más. Diplomáticos o no, esos extranjeros no son claros, hay que hacerlos "escupir". Se dedica entonces a agitar un par de esposas que parece dispuesto a utilizar. "Está bien, lo seguimos", concede entonces el jefe de los aventureros franceses para evitar un incidente diplomático mayor. Pero el daño está hecho, y va a agravarse, por la verdad a medias que se les escapa a dos de los espías. Sobre la ficha de identidad que son obligados a llenar, escriben como dirección el bulevar Mortier en París, cerca de la Puerta de las Lilas. Se trata simple y llanamente de la calle... de la sede central de la "Piscina", la Dirección General de Seguridad Exterior (DGSE). El servicio de protección de los intereses franceses en el exterior, con el techo erizado de antenas, fue bautizado así por su proximidad con la piscina Georges-Valleret.

Uno de los policías brasileños, apasionado con las historias de los servicios secretos, lo sabe y alerta a sus jefes, tal como me lo contará el mismo diplomático brasileño, ya para entonces en un cargo en Bogotá.

Tras la denuncia de Cleiton de Abreu sobre la extraña actitud de los cuatro franceses, las sospechas de las autoridades brasileñas aumentan sobre el montaje de una operación nada clara. Hasta aquí ni Brasil ni Colombia han sido advertidos por el Quai d'Orsay sobre el desplazamiento del grupo en la Amazonia a bordo de un avión militar.

Gracias a las huellas dejadas por estos "espías aficionados", según los comentarios de mis fuentes diplomáticas francesas, los brasileños disiparán cualquier duda. Esta "babosada" de Manaos se parece hasta a la confusión del escándalo del Rainbow Warrior, pero sin tanto efecto mediático[19].

Antes de abandonar São Paulo de Olivença, los agentes de la DGSE han remitido en efecto al padre Pedro César de Amaral Vieira, así como al comandante local de la policía, dos mensajes de la misma naturaleza. Destinados a Astrid, prueban que el comando había perdido la cita con aquellos que ellos imaginaban ser los secuestradores de Íngrid Betancourt, para tratar de recuperar a la secuestrada.

"Astrid, te esperamos en Manaos, en el hotel Tropical, (92) 659 5000. En cuatro horas estaremos allí. Firmado: Pierre-Henri Guignard". Ese es el mensaje revelado y reproducido por *Carta Capital*.

La tormenta retumba en Brasilia, y va a estallar pronto en Bogotá. En París, la deflagración será atenuada por la tragedia de alrededor de 13.000 ancianos muertos por una ola de calor sin precedentes. Esta canícula mortal va a provocar tal escándalo, que pondrá en riesgo al gobierno de Jean-Pierre Raffarin, hasta el punto de que el episodio de Manaos va a dejar casi indiferente a la clase política, y a todas las tendencias confundidas para convertirse en una anécdota. Sin embargo, se trataba —y se sigue tratando— de un asunto de Estado.

El ministro brasileño de Asuntos Exteriores, Celso Amorim, fino diplomático de barba gris, cargado de humor pero nada dispuesto a pasar como el representante de una república bananera, es enterado de la operación francesa el 12 de julio. El jefe de la diplomacia bra-

---

19. Este barco de la organización ecologista Greenpeace se hundió en 1985 en el puerto de Auckland (Nueva Zelanda) después de la explosión de una bomba puesta bajo el pañol por los agentes de la DGSE. Un periodista portugués murió en la conflagración. Las huellas dejadas en su huida por los falsos esposos Turenge, dos espías franceses, permitieron revelar el papel de París en este atentado, y el ministro socialista de Defensa, Charles Hernu, fusible del presidente François Mitterrand, renunció a su cargo.

sileña se encuentra entonces en Londres, pero acaba de pasar varios días, hasta el 7 de julio, en... París. Incluso, en la capital francesa se entrevistó con Dominique de Villepin. Pero nada del asunto de Manaos afloró por la boca de su homólogo, según mis fuentes diplomáticas brasileñas.

Celso Amorim levanta entonces su teléfono, llama a París, para una "explicación franca y directa", como se dice en el argot diplomático para calificar una riña como ésta.

Dominique de Villepin hace vaga alusión a una operación humanitaria, sin presentar las menores excusas, según las fuentes.

El presidente brasileño de izquierda, Inácio Lula da Silva, puesto al corriente de la metida de pata francesa, ordena entonces la partida inmediata del Hércules C-130 del territorio brasileño.

La partida es un hecho el domingo 13 de julio. A las 12:58, el aparato regresa a Francia, vía Cayena, llevando a bordo a los once descompuestos espías. *Carta Capital* publicará la foto del avión.

La tormenta va a estallar, es sólo cuestión de días. Bob Fernandes ha sido telefoneado por una de las fuentes brasileñas para hacerse presente en Manaos el 12 de julio.

Los periodistas no revelan nunca el origen exacto de sus informaciones para proteger a los testigos, calificados como "fuentes". Pero no hay duda de que Bob fue contactado por un alto funcionario del gobierno para hacer público el asunto, como me lo confirmará luego un hombre de negocios establecido en la Amazonia.

Las "fugas" anónimas son una práctica corriente en el mundo entero, sobre todo cuando un gobierno desea echar sal en la herida de otro por interpuesta prensa, antes que cuestionar a un país amigo, pero también cuando un particular quiere denunciar alguna trapisonda sin perder su puesto[20].

---

20. Desde el escándalo de Watergate en Washington, continuamos endiosando a los dos periodistas del *Washington Post*, Bob Woodward y Carl Bernstein, por haber provocado la caída del presidente Richard Nixon en 1974. Pero este asunto

Bob Fernandes será así el único testigo en Manaos de la partida del avión de transporte. Cuando las páginas impactantes de su reportaje completo sobre el asunto comienzan a aparecer en el sitio de Internet de *Carta Capital*, el 18 de julio en la noche, se produce un verdadero terremoto en las cancillerías francesa, brasileña y colombiana.

Las primeras reacciones son de incredulidad, pero los detalles revelados al gran público disipan pronto cualquier duda en los espíritus.

La prueba será presentada al día siguiente, sábado 18 de julio, en Colombia.

El viernes 18 uno de mis periodistas, Carlos Osorio, me llama a las once de la noche a mi casa en Bogotá para decirme que un noticiero de televisión colombiano acaba de citar a la revista brasileña *Carta Capital* en relación con el tema Íngrid Betancourt.

La emisión revela una "abortada operación de rescate de Íngrid Betancourt por un avión francés en las selvas amazónicas".

Le respondo que es la clase de especie que un medio de comunicación desconocido pone a circular para inflar su tiraje durante una semana. ¡Perdón a *Carta Capital*! Justo a tiempo me recupero, por mero reflejo, de este error de apreciación al alertar a nuestra oficina de France Presse en Brasil sobre la existencia de esta revelación. Al amanecer del día siguiente, cuando suena el teléfono en mi casa, tengo la impresión de haber perdido mi olfato la víspera. ¿Fatiga? ¿Desdén?

Un vocero de la embajada de Francia en Bogotá convoca desde las siete de la mañana a todos los periodistas, locales y extranjeros, para una conferencia de prensa a las diez de ese sábado en la mañana.

Nunca los diplomáticos trabajan un sábado, menos un domingo, salvo caso excepcional. Si la prensa es convocada a la cancillería, es por una razón de la mayor gravedad.

---

no habría encontrado su gran día sin las revelaciones de su "garganta profunda", quien era el número 2 del FBI de la época, Mark Felt, quien 30 años después hizo pública su identidad, en 2005.

Con el pelo alborotado y la mirada pesada que oculta mal su rabia, el embajador Daniel Parfait hace una rápida aparición ante los periodistas, por primera vez reunidos en su propio despacho del sexto piso (con llegada directa por ascensor) sobre la carrera 11 de la capital colombiana. Se apresta a leer un comunicado. El diplomático habla de Íngrid, pero no hace alusión alguna al avión Hércules[21]:

> Ciertos medios de comunicación han publicado rumores sobre la situación de Íngrid Betancourt. Debo desmentir formalmente que haya habido el menor contacto, y menos aún una negociación, entre las autoridades francesas y las FARC.
>
> Tal y como lo dije en mi discurso del 14 de julio, el gobierno de Francia exigirá sin pausa la liberación de Íngrid Betancourt, que es también francesa, y la de los 3.000 secuestrados en Colombia. Como lo subrayé entonces, y ahora lo repito, para que lo escuchen aquellos que consideran aún la violencia como el precio a pagar para alcanzar una sociedad más justa, que los actos inhumanos, como el secuestro, no son jamás presagio de días mejores.

Ni una sola palabra sobre el grupo de rescate de once espías franceses, sobre las desventuras de Astrid, luego de Juan Carlos Lecompte, ni aun sobre la suerte de otra franco-colombiana en manos de los rebeldes, ¡Aïda Duvaltier!

En cuanto al secuestro, lo califica como un acto inhumano, cuando se trata simple y llanamente de un crimen, sobre el que cae todo el peso de la ley en Francia y en muchos otros países. Antes de la abolición de la guillotina en 1981 por el gobierno socialista de Pierre Mauroy, Christian Ranucci no se escapó de la pena de muerte votada por el jurado, por el secuestro de una niña encontrada muerta en una gruta, cerca de Niza. El presidente Valéry Giscard d'Estaing no lo benefició con el perdón, y sigue siendo hasta hoy el último condenado a muerte de la historia de Francia.

El embajador Parfait dobla su papel y cree haber salido bien librado, pero los periodistas lo acosan con preguntas.

---

21. Cf. Anexos, documento 1.

Desorientado por lo temprano de la hora, y sobre todo furioso por haberse visto obligado a anular su fin de semana en Villa de Leiva (120 km al norte de Bogotá), Daniel Parfait cabecea, duda.

"Efectivamente, se trata de una operación humanitaria en Manaos", concede al fin bajo el fuego sostenido de las preguntas.

Uno de sus guardaespaldas acaba de alejarme sin miramiento del computador diplomático, por una razón que ignoro, ¡pues la pantalla ni siquiera está encendida!

Le pido entonces al embajador que nos confirme la llegada a Manaos de un Hércules c-130 del ejército francés. Con resignación, me fusila con su mirada, pero termina por reconocer los hechos.

"Un equipo médico se encontraba a bordo del aparato" agrega, como un niño que trata de rehabilitarse después de hacer sido sorprendido con los dedos en la mermelada.

Daniel Parfait venía de leer un texto insípido, y abandona el recinto tras haber revelado casi todo. Casi, porque no dice que los once ocupantes no eran todos enfermeros ni médicos —lejos estaban de serlo—, sino hombres de la DGSE, como yo lo sabría más tarde, por una fuente diferente de él.

Estas revelaciones sobre el fracaso de una "operación humanitaria" para llevar a Íngrid Betancourt a Francia, que difundimos inmediatamente por los cables de la France Presse en seis lenguas —francés, español, inglés, alemán, portugués y árabe—, le dan la vuelta al mundo en la hora siguiente.

En Brasilia, el homólogo de Daniel Parfait, Alain Rouquié, se levantó tarde ese sábado 19 de julio. ¿Acaso escuchó la radio? ¿Recibió un mensaje de París o de Bogotá para aclararle la situación? Su reacción vale su peso en oro. Todo indica que simple y llanamente tuvo conocimiento del artículo de *Carta Capital*, que se vendía en los kioscos desde el amanecer.

Cuando sale de su casa, creada en todas sus piezas en 1960 en medio de la sabana brasileña por decisión del presidente Juscelino Kubitschek y diseñada por el arquitecto modernista Óscar Niemeyer, la prensa lo espera con los micrófonos abiertos.

"¿Las revelaciones de *Carta Capital*? ¡Un sartal de necedades!", dispara a quemarropa. La realidad desmentirá sus declaraciones matinales.

En dos ocasiones, el embajador francés en Brasilia será convocado al Ministerio de Asuntos Exteriores brasileño para un pedido de explicaciones en los días siguientes. Habrá que esperar hasta el 27 de julio para que Dominique de Villepin exprese al fin su "pesar", desde París, por no haber informado a las autoridades de Brasil sobre el envío del Hércules C-130. Brasilia considera entonces superado el incidente.

Los colombianos fueron igualmente condescendientes. Ellos también convocaron a Daniel Parfait, al Ministerio de Relaciones Exteriores en Bogotá, para expresarle su sorpresa, pero sin sacar a relucir la artillería pesada.

La "Operación 14 de julio" no tuvo lugar en su territorio, aun si estaba planillado que Íngrid viniera de Colombia para un traslado hacia Francia vía Manaos.

En Francia, el microcosmos político se agita, pero todo el mundo está en vísperas de las grandes vacaciones de verano.

El hombre fuerte del gobierno, Nicolás Sarkozy, *Sarko*, entonces ministro del Interior, llega a Bogotá en visita oficial el 21 de julio con su esposa Cecilia y una importante delegación. "El ministro descubrirá el pastel durante su desayuno, al leer la edición recién aparecida del diario *Le Monde* que le acababan de enviar por fax desde París", según uno de los miembros de la delegación francesa que me lo contó. "Imagínense si estaba feliz...", agrega para evocar su estallido de furia.

En realidad, este desplazamiento del ministro francés a Colombia estuvo a punto de ser anulado en el último minuto por las autoridades del país andino. Informado del asunto amazónico cuando se encontraba en Italia, el embajador de Colombia en París, Miguel Gómez Martínez, levanta su teléfono y llama al presidente Álvaro Uribe.

"¿Anulamos el viaje de Nicolás Sarkozy?", le pregunta el diplomático, antiguo presidente del Banco de Comercio Exterior (Bancoldex).

"No, pero vamos a calentarle duro las orejas", le responde en un tono jovial el jefe del Estado colombiano.

Este diálogo con su presidente me lo relató el propio embajador.

La enemistad entre el ministro del Interior y Dominique de Villepin, para entonces poderoso ministro de Asuntos Exteriores, era ya conocida en el 2003 en los círculos parisinos, pero este asunto contribuirá a llevarla a un paroxismo que nunca será desmentido luego.

En ningún momento, Nicolás Sarkozy fue informado por su homólogo de la operación. ¡Ni antes, ni durante! Todos los diplomáticos franceses consultados en la capital colombiana y en París ven esto como una "herejía", teniendo en cuenta la inminencia del viaje de Sarkozy a Bogotá, pero "el marido de Cecilia", como gustaban de llamarlo entonces sus enemigos, tiene sentido del Estado. Avala "la operación humanitaria", recibe como todos los visitantes franceses de importancia a Yolanda Pulecio y a Astrid Betancourt en la embajada, e invita incluso a las dos mujeres a la conferencia de prensa de cierre de su gira antes de regresar a París.

Cecilia visita el hospicio creado por Yolanda para los niños de la calle, y durante la velada, la pareja regresa a la residencia de la embajada para una recepción oficial con la comunidad francesa.

Nicolás Sarkozy es consciente de los nexos entre Jacques Chirac y Dominique de Villepin, en momentos en que él mismo sigue siendo la bestia negra del jefe del Estado tras su apoyo a Édouard Balladur en las presidenciales de 1995. Controlando sus impulsos, sobrevuela campos de sembrados de coca rumbo a Medellín a bordo de un helicóptero de la policía antidrogas, y regresa a Francia sin ceder a la tentación de desatar una polémica de consecuencias políticas impredecibles.

Sarko rinde incluso un vibrante homenaje a Daniel Parfait, durante la recepción en la residencia de la embajada. Todos los invitados se miraron entre sí sin comprender lo que debía ser una perfidia suprema, en el mejor estilo francés.

Sin saberlo, de hecho, el ministro del Interior había incitado a Dominique de Villepin a tomar una decisión inmediata para la "Operación 14 de julio", como lo veremos al final de esta investigación, con el anuncio de su viaje a Colombia.

La ministra de Defensa, Michelle Alliot-Marie, tampoco fue puesta al tanto de la "Operación 14 de julio". "No supe nada", les confesará a militares de alto rango que así me lo contaron.

Este cortocircuito es aún más grave si se tiene en cuenta que los servicios secretos de la DGSE dependen de su oficina, y no de la cancillería. Nadie le pidió nunca firmar la autorización para la partida de los espías en dirección a Manaos.

Si ni el ministro del Interior ni la ministra de Defensa fueron informados de la "Operación 14 de julio", lo peor sucedió con el propio presidente de la república.

De visita en Polinesia, Jacques Chirac confiesa su incredulidad el 25 de julio cuando la prensa le pregunta sobre el asunto: "Si semejante operación hubiese sido planeada, yo habría sido informado", revela ante los micrófonos a la primera pregunta, antes de verse obligado a rectificarlo en los días siguientes, y de lanzar pullas a aquellos a quienes calificará de Pies Niquelados.

Todas mis fuentes confirman que Dominique de Villepin nunca avisó al jefe del Estado sobre la operación de rescate de Manaos.

¿Actuó entonces el ministro en solitario, con el objetivo de atraer la atención hacia él?

Si lograba traer de regreso a la célebre secuestrada a París, ¿no se habría asegurado con ello un lugar en la sucesión presidencial de 2007, en el caso de que Jacques Chirac no se presentara para un tercer mandato? Luego, la designación de Dominique de Villepin al cargo de primer ministro no hace más que confirmar la ambición de este poeta grandilocuente, caído en medio de lo prosaico de la política.

Las repercusiones del asunto Betancourt en la política interior francesa se volvieron entonces permanentes. Aun antes de la llegada de Nicolás Sarkozy a Bogotá el 21 de julio, uno de los periodistas que lo acompañaban me envió este mensaje: "Para lo que juzgues le pregunté en forma de broma al equipo de *Sarko* si él iba a Bogotá a traer de regreso a la señora Betancourt. Me contestaron que no, pero con una inmensa sonrisa. Es sin duda una estupidez, pero me pregunto si no habrá gato encerrado". Todo indica que el entorno del ministro del Interior no excluía un golpe teatral que hubiese permitido la liberación de Íngrid durante la estadía de Sarkozy en Colombia.

A pesar de su sonoro fracaso, Dominique de Villepin no tuvo que soportar regaño alguno del jefe del Estado, y fue incluso designado ministro del Interior en abril de 2004, en remplazo de... Nicolás Sarkozy, despachado al piso resbaloso del Ministerio de Finanzas. El triunfo del "No" en el referendo francés sobre el Tratado europeo en 2005 inducirá a una nueva redistribución de las cartas, con Dominique de Villepin como primer ministro y Nicolás Sarkozy de nuevo en la cartera del Interior.

El presidente francés es conocido por ser un veleidoso, dispuesto a darle la razón al último que hable. Pero este hombre manipulable, buena vida, conocido por sus bandazos, conserva una calidad: la de perdonarle todo a Dominique de Villepin.

En el momento mismo en que se tramaba el viaje a Manaos, el cónsul de Francia en Bogotá, Noël Saez, preparaba su propio desplazamiento hacia la selva, para encontrarse... con Raúl Reyes, tal y como luego me lo confesó. Este tipo de *tête-à-tête* no se improvisa. En un país en plena guerra como Colombia, con más de 200 mil muertos desde 1964, hacen falta meses de contactos secretos, dedicados a alimentar la confianza mutua para organizar este tipo de entrevista.

Esta cumbre debía tener lugar, según su versión, alrededor del 28 de julio de 2003. A un año de la jubilación el cónsul francés imaginaba ya un final de carrera apoteósico, con los flashes de los fotógrafos y el ronroneo de las cámaras durante su regreso a casa con Íngrid.

La misión de recuperar secuestrados franceses, vivos, heridos o muertos, recordémoslo, anima a los consulados en el mundo entero.

Cuando el embajador Parfait termina por revelar, ese famoso sábado, el fracaso de la "Operación 14 de julio", Noël Saez no puede creer lo que oye. "Fui totalmente quemado", me confesará el cónsul; es este mismo Noël Saez, ya jubilado desde septiembre de 2004, el que sostendrá cinco entrevistas secretas en las selvas colombianas con un portavoz de la guerrilla de las FARC entre fines de 2004 y septiembre de 2005, para un nuevo intento de liberación de Íngrid Betancourt, pero volveremos más adelante sobre estos hechos, igualmente nefastos para la relación Francia-Colombia.

De este modo, las iniciativas de un cónsul que ya llevaba tres años en su cargo en Bogotá, conocidas por su superior, quedarán convertidas en cenizas como consecuencia de un capricho de su ministro y del propio embajador. Habría bastado para ello con la aparición de un presunto "campesino" colombiano que dijo ser enviado por la guerrilla como intermediario...

Este hombre, que nunca nadie más volvió a ver, antiguo oficial de la Brigada XII del ejército según las aseveraciones de la guerrilla, ¿fue acaso utilizado como "cazabobos" por los servicios secretos colombianos o norteamericanos, o acaso por ambos, en concierto, para hacer tropezar a París...?

Se trata en todo caso de una tesis que las autoridades francesas están dispuestas a acoger al menos en parte.

Mi investigación, basada en múltiples fuentes directas todas ellas igualmente creíbles, obliga a presentar el punto de vista puramente francés, jamás revelado hasta este momento, sobre el episodio de Manaos. Conviene repetir que esta investigación es independiente de todo prejuicio, de todo partido, así como de toda presión, cualquiera que ella sea, en un contexto favorable a las intoxicaciones de todo tipo que las verificaciones pueden a veces atajar.

He aquí la memoria fiel de la aventura amazónica, tal como me la contó una alta fuente del Estado francés, ajena al cuerpo diplomático y a los servicios secretos[22].

Cuando el campesino del Putumayo confirma a la madre y a la hermana de Íngrid, en el apartamento de Astrid, la supuesta liberación inminente de la secuestrada franco-colombiana, Astrid telefoneó directamente al Quai d'Orsay para lanzar un llamado de ayuda a Francia a fin de traer de regreso a su hermana sana y salva al hogar. (En vista de las relaciones entre los Betancourt y los Villepin, ella contactó al ministro mismo, como todas mis otras fuentes francesas me lo confirman, y tal como ella misma se lo reveló a Canal +).

El ministro de Asuntos Exteriores decide poner en marcha una operación de urgencia para rescatar a la célebre rehén. Uno de sus colaboradores directos propone movilizar dos aviones de transporte militar francés Transall, cuya base se encuentra en las Antillas, en Martinica más exactamente, departamento francés de ultramar situado a menos dos horas de vuelo de la Amazonia (de fabricación francesa, el Transall, utilizado en múltiples operaciones oficiales o secretas en África, tiene una autonomía de vuelo limitada, muy inferior a la del Hércules C-130. No puede, en consecuencia, atravesar el Atlántico sin una escala en una de las islas frente a las costas americanas o africanas).

Uno de los dos aparatos estará encargado de ir a buscar a Íngrid apenas se concrete su liberación en el Amazonas.

Como parte de la operación, la DGSE descarta esta opción. Según el servicio secreto, una operación semejante exigiría la consulta previa en todos los niveles del alto mando (incluida la ministra de Defensa). Esta demora va de seguro a provocar un retraso nefasto para la puesta en marcha de la operación, y eventualmente

---

22. Me limitaré a poner entre paréntesis y en itálicas mis propios comentarios, cada vez que ello sea necesario.

la hará fracasar. Cualquier pérdida de tiempo aumenta los riesgos de fuga de información. La DGSE propone entonces utilizar uno de sus Hércules c-130, disponible en la base de Évreux, cerca de París. El ministro de Asuntos Exteriores aprueba la partida para la Amazonia brasileña del aparato. El tiempo apremia.

El avión de transporte aterriza en Manaos. No lleva en efecto, matrícula alguna, pero su divisa tricolor le sirve de pasaporte, según la tradición. La policía local acoge a la tripulación. Los pasajeros le entregan el plan de vuelo con destino a Cayena, en un ambiente de ingenuidad.

Uno de los policías brasileños acostados frente al Hércules propone incluso a los franceses que le compren... ¡su moto! Gran carcajada entre la delegación, nadie imagina entonces el remolino que está por formarse. Ningún policía pide inspeccionar el avión (mi interlocutor es categórico. Su versión contradice claramente los testimonios brasileños), pero un equipo de la Aduana local ingresa rápidamente para inspeccionar el aparato (este control de la Aduana nunca fue mencionado ni por París, ni por la embajada francesa en Bogotá, ni por la prensa brasileña).

No hay, que yo sepa, dinero ni armas, ¡ni siquiera un aseo! En cambio, un hospital de campaña fue instalado con máscaras de oxígeno, desfibrilador, camilla, etc., para el caso de que la secuestrada necesitara apoyo médico.

De los once pasajeros, siete se alojan en el hotel Tropical, donde su papel se va a limitar a jugar baloncesto frente a la piscina. Los cuatro restantes, con la dirección de Pierre-Henri Guignard, toman un avión hacia São Paulo de Iça, con el fin de atender allí a Íngrid, quien será llevada hasta allí por su hermana Astrid después de su liberación.

Los cuatro hombres se disfrazan de ecoturistas, con camisetas de colores y morral. Acompañando al diplomático, hay un hombre del servicio de acción de la DGSE, y otros dos miembros del servicio secreto. Ninguno de ellos lleva un arma visible. Una vez en esta municipalidad brasileña, hacen todo por mostrarse y así significar a los informantes de la guerrilla, presentes por todos lados en esa región, que están listos a recibir su "regalo".

Pero el piloto del Caraja ha dado la voz de alerta. Los brasileños creen estar frente a un asunto de tráfico de pieles de animales protegidos, o incluso, ante narcotraficantes.

Después de cuatro días de espera, el comando francés, sin ninguna noticia de Astrid, recibe la orden desde París de volver a Manaos. Retoman el avión de alquiler. Al mismo tiempo, el jefe local de la policía brasileña, cuya vigilancia se ha fortalecido alrededor del comando francés, sube a bordo del avión, pistola en mano. Se instala entre los agentes franceses, ¡con su arma a la vista entre sus piernas! Les da así la impresión de estar listo a disparar si ellos intentan cualquier cosa antes de su llegada a Manaos. En la capital amazónica, una nube de luces intermitentes de la policía brilla en la punta de la pista cuando el avión aterriza.

El comandante de la policía lleva a su oficina a los cuatro franceses, muestra las esposas, antes de anunciarles un interrogatorio individual. Ellos se resisten, se atrincheran tras su pasaporte diplomático, y exigen ser escuchados colectivamente.

La tensión es palpable. El diplomático a cargo, Pierre-Henri Guignard, exige ser conducido con sus amigos al hotel Tropical, y deja al policía en libertad de concluir lo que quiera. El milagro opera para los cuatro franceses. No son molestados más. La policía los conduce a su hotel, y luego dejarán Manaos para llegar a París a bordo del Hércules.

El episodio nunca será dramatizado por Brasilia. En agosto de 2004, es decir, un año después de estos hechos, Pierre-Henri Guignard podrá acompañar a la capital brasileña al nuevo ministro de Asuntos Exteriores, Michel Barnier. El *affaire* del Hércules francés en Manaos no será siquiera evocado durante las entrevistas con el presidente de izquierda Luiz Inácio Lula da Silva.

En medio del cataclismo de Manaos, Francia está segura de haber sido manipulada al más alto nivel. Pero ¿por quién? La pregunta no se ha contestado todavía en 2005, aun si las razones de semejante interferencia resultan evidentes.

Nunca las FARC tuvieron la intención de liberar a Íngrid en julio de 2003. Los jefes de la guerrilla explotaron de rabia cuando conocieron los informes de los medios de comunicación sobre la intervención abortada del Hércules c-130.

Justo antes de la operación amazónica, el enviado especial de las Naciones Unidas en Colombia, James Lemoyne, antiguo periodista encargado por el secretario general Kofi Annan de interponer sus buenos oficios en el conflicto andino, había logrado, con mucho esfuerzo, poner las bases para el principio de un encuentro entre él y los comandantes guerrilleros.

Fue esa cumbre, prevista en esa misma Amazonia brasileña, la que fue torpedeada, con la invención de una inminente liberación de la secuestrada franco-colombiana. Los culpables de la manipulación (y en este punto las acusaciones francesas no disparan para muchos lados...) son o la CIA americana o el presidente Álvaro Uribe, o los dos de manera concertada. ¡Incluso el jefe de Estado colombiano pudo haber sido engañado sin saberlo por los servicios secretos americanos!

Mantenidos aparte de la negociación que preparaba James Lemoyne, Washington y Bogotá no tenían la intención de verse arrinconados por el anuncio público eventual sobre un acuerdo entre Naciones Unidas y las FARC que no les convendría.

Coronada de éxito, la idea del cerebro de esta manipulación consistió en inventar la historia del campesino del Putumayo en contacto con la guerrilla para provocar el viaje a la Amazonia de Astrid Betancourt. Semejante afirmación sobre la posible liberación de la secuestrada movilizaría inmediatamente a la familia, dispuesta a creer cualquier cosa ante la mínima posibilidad de rescatarla de la selva. Una vez en Leticia, y luego en las demás poblaciones del Amazonas, Astrid, con su pinta europea, sería inmediatamente detectada por los informantes de la policía en un sector donde sólo viven indígenas. Ella activaría sin quererlo todas las alarmas y desataría una nube de controles en todas las vías acuáticas. Semejante dispositivo espantaría a los rebeldes y los disuadiría de concretar su intento de desplazarse hacia Brasil para el encuentro en cuestión.

Lo que no podía imaginar el artífice de esta manipulación era el envío por parte de Francia de un Hércules y de espías franceses tras la llamada telefónica de Astrid a París para pedir ayuda. Todo aquel que parece turista despierta atención en el Amazonas, entonces ¡imagínese usted a cuatro franceses, dando vueltas en círculo con sus morrales en São Paulo do Iça...! Los aviones espías se debieron deleitar con la vigilancia. Los guerrilleros no necesitaron más para desaparecer y evitar así caer en la red de un aparato policial que se fortalecía hora tras hora.

Lo más grave de este asunto tiene que ver con las consecuencias desastrosas que tuvo sobre las negociaciones conducidas entonces por el Quai d'Orsay (es la primera vez que esta información es publicada).

Frente a la propuesta del gobierno colombiano de enviar a los guerrilleros liberados, en caso de intercambio por los secuestrados, en uno o en varios países amigos como Francia, París había previsto recibir una parte en Guyana, y había iniciado conversaciones para acoger a los otros rebeldes, con la ayuda de cinco naciones: Brasil, Chile, Cuba, Venezuela y México.

Los gobiernos de estos países se habían mostrado de acuerdo en principio, a pesar de que todavía no se había acordado el número de rebeldes que cada uno acogería. Desgraciadamente, el fracaso de la "Operación 14 de julio" echó todo a pique...

Esta es, en resumen, la posición del gobierno francés, jamás revelada hasta ahora.

El misterio se conserva intacto en cuanto a la presencia o no de dinero para el rescate y de armas a bordo del avión. Según un antiguo vigilante colombiano de la embajada francesa en Bogotá, que me aseguró haber obtenido esta información de sus colegas franceses, "había 3.500 fusiles Famas, en el avión, y las cajas con la munición correspondiente". A falta de suficiente verificación, este testimonio indirecto no puede ser recibido como suficiente. Otras fuentes dignas de crédito me aseguraron que las FARC están suficientemente equipadas, y no necesitan nuevo armamento.

En cualquier régimen democrático en el planeta, un ministro que decidiese enviar un Hércules C-130 a un país extranjero, sin advertirle a su presidente, para una operación de alto riesgo, con espías a bordo, un hospital de campaña, sin hablar de posibles cajas de dólares o armas, sería despedido al instante.

Los contribuyentes franceses se sentirían en pleno derecho de exigir al gobierno hasta el mínimo detalle de la información contable de la "Operación 14 de julio", en Manaos, en el año 2003.

II

Los largos sollozos de un ministro

Dominique de Villepin es un escritor reconocido, salvo cuando una cesura transforma sus obras en tragicomedias cuyos secretos sólo él domina, en gran perjuicio de su jefe, el presidente francés Jacques Chirac.

Su melena blanquecina de dandy y la preposición que alarga su apellido dan brillo a su marcha acompasada, típica de los diplomáticos franceses. En las fotos adopta ya la pose necesaria para hacerse un lugar en el Quai Conti, en los bancos de la Academia Francesa.

Se le ame o se le odie, tiene su encanto a pesar de los 191 centímetros de estatura que lo obligan a inclinarse sin afectación hacia su interlocutor, cuando desgrana su elocuencia salpicada de giros a la antigua destinados a seducir.

Y gusta, sobre todo a las damas; mucho menos, claro está, entre los republicanos de Estados Unidos tras sus discursos encendidos en la ONU en contra de la invasión inminente de Iraq por los *marines* en febrero de 2003. Íngrid Betancourt también forma parte de sus admiradoras sin límite, desde cuando fue su alumna en la afamada Escuela de Ciencias Políticas, en la rue Saint-Guillaume de París, a principios de los años ochenta, tal como me lo relató el colombiano Néstor Humberto Martínez.

Este brillante abogado era parte del grupo Íngrid-Dominique-Astrid, cuando estudiaba en París en la misma época. Al asumir Andrés Pastrana la presidencia de la república en 1998, designó a Martínez como su ministro del Interior. La amistad compartida entre Dominique Villepin —que habla perfectamente el español por haber pasado una parte de su juventud en Venezuela— y las hermanas Betancourt se mantendrá con el paso de los años, pese a que todos toman rumbos diferentes. "Entre mi hermana y él había no sólo una relación de profesor y alumna, sino también una más directa relación de amistad", revelará con una sonrisa su hermana Astrid Betancourt a la televisión francesa en 2003. Ella misma ha sido una admiradora de Dominique, una de esas ninfas que el gigante arrastra con su afecto compartido en el surco de su estela, según los testimonios recogidos. Se le atribuyen al futuro primer ministro relaciones muy cercanas con las dos hermanas en su juventud parisina. Los recuerdos de su complicidad tejerán los lazos para el futuro entre ellas y "Dominique".

Ministro de Asuntos Exteriores desde el 8 de mayo de 2002, antes de asumir la cartera del Interior el 1º de abril de 2004, "Dominique" es llamado así por la familia Betancourt desde hace tiempo.

Escoge Bogotá, el 29 de noviembre de 2002, y más exactamente el anfiteatro de la biblioteca Luis Ángel Arango, ante miles de invitados y toda la prensa internacional, para darle el impacto deseado a su cruzada a favor de la liberación de la joven secuestrada. Íngrid Betancourt es entonces rehén de las Fuerzas Armadas Revolucionarias de Colombia, desde hace ya nueve meses.

Antes del drama, "Íngrid", como la llaman incluso sus enemigos políticos, hacía campaña en nombre del partido Oxígeno (emparentado con los Verdes) para su candidatura a las elecciones presidenciales del 26 de mayo siguiente, que ganaría Álvaro Uribe (de derecha) para suceder a Andrés Pastrana (conservador).

La brevedad de este viaje ministerial (trece horas) y su naturaleza lanzan luces, más allá de toda retórica, sobre la ambigüedad de la posición francesa frente a la guerra civil en Colombia y al drama de los secuestros por parte de las FARC. Esta guerrilla comunista es una de las más antiguas del mundo. Fue fundada en 1964 y asegura contar con más de 17.000 hombres en armas.

En plena noche, recién descendido de su Airbus especial en el aeropuerto Eldorado de Bogotá, el ministro se presenta a la una y media de la madrugada en la residencia del embajador francés Daniel Parfait, convertido en su álter ego en el manejo de este asunto. Sin siquiera soñar con dormir un rato, el ministro se instala en una oficina para escribir el discurso que pronunciará en la mañana. Autor de varios libros, le repugna dejar esta tarea a un escritor fantasma, a diferencia de muchos de sus colegas de gabinete. Vuelca sus ideas sobre el papel, las pule, recupera lo que sabe del oficio, corrige, relee, agrega las sugerencias del embajador, y finalmente imprime a las seis de la mañana su discurso, previsto para tres horas más tarde en la biblioteca Luis Ángel Arango, en pleno centro de la capital colombiana. Esta escena me fue relatada por un testigo directo de la cancillería francesa en Bogotá.

Tiene apenas el tiempo para tomar una ducha antes de abordar un vehículo blindado para presentarse en el palacio presidencial, donde lo espera para las entrevistas oficiales Álvaro Uribe, jefe del Estado que obtuvo la victoria en la primera vuelta con más del 54% de los sufragios en la elección presidencial.

En la sala abarrotada de la biblioteca Luis Ángel Arango, el auditorio no puede creer ni lo que ve ni lo que escucha, cuando Dominique de Villepin se apresta a terminar una inagotable perorata consagrada entre otras a "esta tierra colombiana, rica en más de 3.000 variedades de orquídeas, a tal punto que la leyenda sostiene que un florero estuvo en el origen de la rebelión que condujo a la Independencia".

Sus 3.333 palabras entrecortadas de citas literarias y de hipérboles sabiondas se han sucedido hasta ahora sin referencia alguna al mayor mal que sufre el país, el secuestro, en provecho de un ensayo poético al estilo muy en boga de las nuevas generaciones de diplomáticos.

Pero el auditorio aprecia al menos un precedente. Nacido en Marruecos, este político extranjero maneja la lengua de Cervantes sin el menor acento. La aprendió, como lo hemos dicho ya, durante su infancia en Caracas cuando su padre, Xavier, representaba allí a una compañía francesa antes de convertirse en senador, en nombre de los franceses establecidos en el extranjero.

De repente, suena el gatillo. Dice el ministro:

Quiero decirlo aquí solemnemente: el secuestro, el mantenimiento prolongado de rehenes es un crimen inaceptable; su banalización, esta horrible cotidianidad, este viaje de angustias y de lágrimas, hiere la conciencia de todos; la comunidad internacional no se mantendrá pasiva frente a las prácticas que enlutan a Colombia.

¿Francia va a implicarse por fin en el maremagno del país andino? No olvidemos que dos semanas antes, Bogotá le había propuesto secretamente a París, como yo había tenido ocasión de revelarlo por la AFP, el envío al Hexágono de 300 guerrilleros presos en Colombia, con el fin de intercambiarlos por los 1.900 secuestrados de las FARC, incluida Íngrid Betancourt.

Dominique de Villepin comienza a bajar la voz, duda, incluso tartamudea, luego marca una pausa y sólo consigue pronunciar el nombre de Íngrid después de tres sollozos mal contenidos. "Esta mañana, pienso en todos los secuestrados, pienso en cada una de sus familias, pienso (se detiene)... en aquella que fue mi alumna, aquella (segunda pausa)... en aquella que es mi amiga; pienso (tercera pausa)... en Íngrid Betancourt", logra por fin articular, mientras asoman sendas lágrimas de sus ojos.

Marie-Laure, su esposa, se encuentra en la primera fila, vestida de azul. En enero de 2004, tras la presentación de los votos de año nuevo al personal de la cancillería por su esposo, ella será testigo de una escena similar. Un periodista que se encontraba allí porque se había equivocado de puerta, vio a Marie-Laure estremecida por este nuevo homenaje de Villepin a Íngrid.

El público contiene el aliento ese 29 de noviembre, a la espera de una revelación de apoyo, pero nada sucede.

"¿Cuántas veces imaginé con ella lo que podría llegar a ser Colombia liberada del encierro", recuerda con una voz apenas audible antes de concluir con un vuelo indescriptible.

"Hago un llamado al coraje, a la audacia, a la imaginación, a la esperanza para todas las víctimas de este conflicto. Si hoy en día cada uno de ustedes resiente el peso de una ausencia, el fardo de un cortejo de sombra, si cada uno de ustedes resiente la brecha de un perfume amargo (¡sic!), el vértigo de los pasos que se escapan, yo sé bien que en su país, en el seno de su pueblo, la esperanza está ahí, viva, como una promesa", desgrana el ministro sin ser muy bien comprendido por el público. Los invitados esperan, más que comentarios agrestes u odoríficos, un gesto político, algo que esté a la altura del desafío. No lo encontrarán.

¿Acaso este ápice de dramatización había sido repetido como entre bastidores de un teatro francés antes de una tragedia de Racine? Poco les importa eso a los invitados colombianos, estupefactos por la dedicatoria de esta emoción a una sola secuestrada, cuando entre tres y cuatro mil de sus compatriotas se pudren en la selva en manos de distintos grupos armados, algunos desde hace más de ocho años (!), como el coronel Mendieta. El drama vivido por la familia de este oficial será relatado más adelante.

El ministro resultará aún más locuaz, teniendo en cuenta que viene con las manos vacías, salvo en lo que se refiere a aportar "el respaldo de Francia". Pero tras la retórica, no está la respuesta que esperan los colombianos sobre una posible acogida de los rebeldes en Francia.

De nada les sirven a Colombia las fanfarronadas, teniendo en cuenta que espera una ayuda concreta para terminar con la guerra civil. "Los europeos hablan muy bonito, pero no se meten nunca la mano en el bolsillo", se sincerará conmigo una y otra vez Martha Lucía Ramírez, entonces ministra de Defensa después de haber sido embajadora de su país en Francia durante el primer semestre de 2002.

Sólo los estadounidenses han respondido hasta ahora a los pedidos de ayuda de Bogotá, con una cooperación de más de 2.000 millones de dólares desde el año 2000, en el marco del Plan Colombia. Este programa tiene como objetivo erradicar las plantaciones de coca, materia prima de la cocaína, sin mucho éxito hasta hoy. El país andino es el primer productor mundial —es bueno recordarlo—, con 800 toneladas exportadas cada año a Estados Unidos y Europa.

En este país particularmente sensible a las formas, y que sufre en medio de ríos de sangre por las masacres permanentes, el ministro comete una pifia mayúscula.

Salta del estrado, se reúne con su esposa, Marie-Laure, y besa a Yolanda Pulecio, madre de la rehén, al igual que a Astrid, sentada al lado de Daniel Parfait y de la esposa de éste, Nicole, sin respetar la etiqueta de las giras oficiales.

El publicista colombiano Juan Carlos Lecompte, marido de Íngrid, se mantiene un paso atrás. Se siente desplazado, pero se las arregla para continuar con su combate diario, en busca de sacar a su esposa de la selva por cualquier medio.

En cuanto al primer esposo de Íngrid y padre de sus dos hijos, Mélanie y Lorenzo, Fabrice Delloye, entonces diplomático en la embajada de Francia en Santo Domingo (hasta septiembre de 2003), se siente totalmente cómodo frente a sus pares del Quai d'Orsay. Está sentado en primera fila, al lado de Astrid, cuando "Dominique" se resiste a aterrizar de sus vuelos líricos. Él también forma parte de los amigos del ministro y de Marie-Laure, después de haber tenido contacto con ellos en París.

Este matrimonio le permitió a Íngrid obtener y conservar su nacionalidad francesa, puesta por entonces por delante a la menor oportunidad por París para exigir su liberación. Su divorcio nada cambiará esta situación. La pareja Fabrice-Íngrid se reencontró a fines de los años ochenta con Dominique y Marie-Laure, cuando los dos funcionarios fueron nombrados en la embajada francesa en Washington D. C.

En un rincón del anfiteatro descubro a uno de los consejeros del ministro, y no es otro que Pierre-Henri Guignard. No podía yo entonces imaginar que ese diplomático, ducho en los misterios de la ONU, donde había sido consejero de la representación francesa en 1995, se convertiría en el malhadado héroe de la "Operación 14 de julio", en plena selva amazónica, durante el año siguiente. Observa con discreción, pero con aires de experto, este espectáculo cuyo azufre pueden sentir los iniciados del serrallo; sus olores se extenderán como reguero de pólvora por los salones de la capital. La escena vale su peso en oro en cuanto a secretos de alcoba. Reúne, ante una hilera de sillones, a las siguientes personas:

- El ministro, antiguo íntimo de Íngrid, y su esposa.
- El exmarido de la secuestrada y el esposo actual de Íngrid.
- Daniel Parfait y Astrid Betancourt, su amiga muy cercana.
- Nicole Parfait, gravemente enferma y a punto de empacar sus maletas.
- Yolanda Pulecio, madre de la secuestrada. Exreina de belleza, cortejada por dos expresidentes de Colombia durante su juventud, fue durante los años ochenta, cuando se encontraba ya divorciada, muy cercana al fundador de la Casa de América Latina (sobre el bulevar Saint-Germain, en París), el conde Robert de Billy, según las confidencias que me hizo un antiguo embajador que conoció muy bien a los dos en aquel entonces.

Toda esta noble gente se reúne para almorzar en la residencia de la embajada francesa, en la calle 87, en el corazón del encopetado barrio de La Cabrera, en el norte de la capital.

Para todos estos ágapes del embajador, la familia Betancourt tiene las puertas abiertas. La suma del *surmenage* y de los vinos elegantes le dan de pronto alas a nuestro ministro. ¿No se declara acaso él mismo "listo a meterse en la selva de los Andes para encontrarse con los jefes de la guerrilla y traer de regreso a Íngrid"? Marie-Laure se sobresalta y lo regaña. "¡No te dejaría hacerlo!", afirma ella. Dominique se va de narices sobre su plato de porcelana de Limoges. El efecto del escobazo durará hasta los postres. Este episodio está narrado por el periodista colombiano Eccehomo Cetina en su investigación (*La soledad de la media tortuga. El secuestro de Íngrid Betancourt)*[23]. Que yo sepa, no ha sido ni confirmado ni desmentido por los interesados tras su publicación.

A 300 metros de ahí, en los corredores de la embajada de Francia, protegida de los atentados con rocket por una gigantesca reja de hierro forjado, los presidentes de las asociaciones de familias de secuestrados colombianos se impacientan. ¡No han sido invitados a compartir la mesa de los grandes! Ni siquiera al café de sobremesa servido por meseros de guante blanco. Temen no contar con el tiempo necesario para relatar su pesadilla al jefe de la diplomacia francesa.

Finalmente, el ministro aparece y alcanza a grandes pasos el primer piso de la cancillería. Se sienta en un sofá, en medio de un corredor, frente a esta pequeña multitud; escucha sus reclamos y expresa el interés de París por su causa. El jefe de la diplomacia francesa se eclipsa al cabo de quince minutos. Tres años más tarde, las mismas familias continúan viviendo el mismo drama. Los voceros de estas familias destrozadas, entre ellos la esposa del gobernador de Antioquia, Guillermo Gaviria[24], sólo han tenido derecho a un cuarto de hora de atención, entre dos oficinas, ni siquiera en la del embajador. Este despacho del sexto piso es bien conocido por la familia Betancourt. Sus miembros se presentan allí regularmente tras utilizar el ascensor directo, sin detenerse en ninguno de los otros pisos.

"Dominique" tiene una última cita, estratégica, con los periodistas, en el pequeño espacio del comisario de la policía francesa, sin moverse del primer piso de la embajada.

A mi primera pregunta sobre la reacción de París de enviar los rebeldes a Francia a cambio de los rehenes que tiene la guerrilla —la

---

23. Bogotá, Editorial Norma, 2003.

24. Seis meses más tarde, el 5 de mayo de 2003, el gobernador de Antioquia, su consejero de paz y exministro de Defensa, Gilberto Echeverri, al igual que ocho soldados, todos rehenes de las FARC, serán salvajemente asesinados por la guerrilla cuando el ejército intentará rescatarlos durante una lamentable operación militar.

primicia que yo acabo de publicar—, él elude la respuesta y le agradece a Colombia por el recibimiento que me ha brindado.

Los periodistas de radio que lo acompañan desde París no insisten en esta pregunta, vital para la suerte de los secuestrados. Es cierto que han recibido un *brief* antes de llegar a Bogotá, tal y como uno de ellos me lo confirmará. En este caso, el *brief* es un breviario de instrucciones y de pedido de discreción. Se les insinuó que podría producirse incluso una "sorpresa", según la misma fuente, ¡y todos soñaron con encontrar a Íngrid en la silla misma del avión de regreso! Su decepción es evidente: pasaron más de 20 horas en el Airbus durante dos días para escuchar al canciller hablar, entre otros, de Víctor Hugo.

Toca a su final este viaje relámpago. A las dos y media de la tarde, la delegación francesa enfila hacia el aeropuerto de Bogotá para regresar a París.

III

Los franceses fabrican un mito

No hay oficio tonto, como decía Molière. Los bogotanos eligieron en 2001, y reeligieron en 2004, a un embolador de zapatos, Luis Eduardo Díaz, como concejal de su ciudad. Pero si los emboladores de esta megalópolis colombiana se encuentran entre los mejores del mundo, según los visitantes, no necesariamente tienen la formación idónea para legislar.

Este anticonformismo andino explica la fulgurante carrera de populistas como Hugo Chávez en Venezuela o Evo Morales en Bolivia, convertidos en presidentes después de haber estado de malas con las autoridades. Eso permite comprender el éxito de Íngrid Betancourt en sus campañas para ser elegida al Congreso.

Capital de ocho millones de habitantes, Bogotá está apestada por los gases de 20.000 buses y 50.000 taxis, y no dispone de metro. Pero esta ciudad de altura (2.640 metros), se ha hecho cada vez más agradable para vivir en su zona norte gracias a una política sostenida a favor del medio ambiente implementada por sus últimos alcaldes. Las zonas peatonales proliferan. La rumba tiene derecho de ciudadanía en los múltiples bares de la zona rosa. Los atentados con carros bomba han sido reducidos al mínimo tras la llegada al poder de Álvaro Uribe. De más de 3.000 en el 2001 bajaron menos de 1.000 en el 2005.

Sobre las vertientes de sus montañas, arborizadas como una verdadera selva virgen, los caminantes aventureros pueden incluso bañarse en las cascadas de torrentes salvajes, llenas de truchas, y dialogar a silbidos con los pájaros. Pero son pocos los que se animan a disfrutar de estas maravillas por cuenta del miedo a los secuestros que agobia a todos los espíritus. Los bogotanos tienen el alma triste, pero conservan un espíritu burlón, bromista y aun contestatario en medio de su humor negro. Incluso esta rebelión de las palabras es capaz a veces de poner en juego la estabilidad política.

Si eligieron a Íngrid Betancourt en 1994 como representante a la Cámara, luego en 1998 para el Senado, fue sobre todo porque ella los hizo reír con sus campañas. Incluso el embolador Díaz fue incapaz de utilizar semejante estilo de mercadeo.

Pero cuando las cosas se pusieron serias para las presidenciales de mayo de 2002, la heredera del antiguo ministro de Educación, Gabriel Betancourt, nunca alcanzó más del 1% de las intenciones de voto.

El día del escrutinio, y como su candidatura había sido mantenida por el partido Oxígeno a pesar del secuestro, su resultado fue exactamente de 0,4%.

Nadie le reprochará a Íngrid ser una "hija de papi", nacida con cuchara de plata en la boca el 25 de diciembre de 1961. Fue educada entre un barrio burgués de Bogotá, protegida por guardias armados de los edificios, y la avenida Foch de París, en los 500 metros cuadrados de la residencia colombiana ante la Unesco.

A diferencia de sus 44 millones de compatriotas, el 80% de los cuales viven por debajo de la línea de pobreza, pudo estudiar en el Liceo Francés Louis Pasteur, en la calle 87, a pocos pasos de la embajada de Francia. Los franceses ignoran, aun hoy, que cada uno de los 1.800 alumnos de este colegio, como sucede en otros liceos similares en el extranjero, deben pagar un derecho de ingreso, fijado en el año 2004 en doce millones de pesos colombianos (4.500 dólares).

La educación obligatoria, laica y gratuita desde el 1884, tan querida por el antiguo ministro francés de la Educación, Jules Ferry, pierde por el camino todas sus características cuando es exportada.

Semejante monto es prohibitivo para las familias modestas que quieran enviar a sus retoños al templo de la cultura francesa. Esta es todavía venerada en el extranjero, a pesar de la pérdida de influencia de nuestra lengua frente al inglés. Las élites disponen así de un lujoso molde para formar a su descendencia, en competencia con los hijos de los pobres, y asegurar así la sucesión de sus negocios en un país de desigualdades tremendas. El 0,4% de los terratenientes, unos 15.273 latifundistas, poseen 61,2% de las tierras cultivables, según un informe oficial colombiano publicado el 19 de marzo de 2004. El 97% de los campesinos posee apenas el 24,2% del área rural.

La superficie de Colombia alcanza 1,14 millones de km^2, dos veces más que Francia. Sólo la mitad de las tierras está cultivada.

Jamás Gabriel Betancourt en sus funciones de ministro, ni su hija Íngrid, una vez elegida congresista, consiguieron poner fin a esta negación de justicia que deja sobre el pavimento, en sentido literal, a centenares de miles de niños de rostros envejecidos aun antes de verse forzados a mendigar, dormir en la calle, o venderse en las aceras de las principales ciudades.

En compensación, en esta familia sacudida por los divorcios, la madre de Íngrid, Yolanda Pulecio, representante a la Cámara en 1986 y luego senadora en 1990, trabaja para ayudar a los gamines, los niños de la calle.

En el 2005, a los 68 años, sigue al frente de tres hospicios para niños, en las zonas pobres de Bogotá, y los recoge por centenares, para asegurarles una educación digna, tanto a los huérfanos como a otros niños abandonados. Constituyen una verdadera legión en este país reacio al uso de la píldora anticonceptiva, por cuenta del conservadurismo de una Iglesia que sigue siendo poderosa y aún moldea las conciencias. A favor de Gabriel, antiguo profesor con 25 años de edad más que su esposa, y abandonado por la exseñorita Colombia, que perderá así la custodia de sus dos hijas, el exministro dejará una huella con el crédito educativo para los estudiantes deseosos de proseguir su formación en el extranjero. Enfermo de gravedad, muere el 23 de marzo de 2002, es decir, exactamente un mes después del secuestro de su hija.

En su jaula dorada de Bogotá y luego en la residencia diplomática de París, la pequeña Íngrid se codea en la Ciudad Luz con el escultor Fernando Botero, el escritor cómplice de Fidel Castro y Nobel de Literatura en 1982, Gabriel García Márquez, pero también con Pablo Neruda, el poeta chileno muerto en Santiago el año mismo del golpe de Estado de Augusto Pinochet contra el presidente de izquierda Salvador Allende, en 1973. Se esconde a veces bajo el piano para escuchar la conversación de los invitados, tal y como lo relatará en sus memorias.

Su revuelta no rebasará los límites del barrio XVI en París y el lujoso sector del norte de Bogotá. En ningún momento ella traspasará la línea roja para comprometerse con la izquierda, entonces en plena efervescencia y camino ya de la guerra civil cotidiana.

Durante la adolescencia de Íngrid había sido por tanto muy seductor, para los jóvenes revolucionarios en ciernes, dejarlo todo para enrolarse en el M-19. Comandado por idealistas como Jaime Báteman y Carlos Pizarro, hábil en causar impacto sin producir, lejos de ello, tantas víctimas como las FARC, el ELN o las Autodefensas Unidas de Colombia, el M-19 tenía con qué atraer a esta joven en guerra contra el establecimiento de su patria. La historia tiende a recordar al M-19 por su calificativo de guerrilla "clasuda" aun hoy, olvidando que Jaime Báteman era de hecho un submarino manejado a control por los soviéticos y los cubanos para burlar a su país y sucitar simpatías con el ejército. ¿Acaso no había hecho Báteman un curso de guerrilla con los fedayines en Palestina?[25]

La heredera prefirió en esa época seguir sus estudios en la Escuela de Ciencias Políticas en Francia, mientras el M-19 realizaba una de sus operaciones más espectaculares con la toma de rehenes,

---

25. Estos datos históricos son revelados por el periodista colombiano Eduardo Mackenzie en su libro, editado en francés, *Les FARC ou l'échec d'un comunisme de combat*, Ediciones Publibook, 2005.

embajadores, en la sede diplomática de la República Dominicana en Bogotá durante 61 días, antes de que el comando partiera para La Habana, en abril de 1980. Este golpe de mano sólo produjo una víctima, un guardaespaldas. Uno de los futuros compañeros de Íngrid, quince años más tarde, será ni más ni menos que Carlos Alonso Lucio, uno de los jefes del M-19, tal y como ella lo revelará en su autobiografía.

Nutrida en el pensamiento casi exclusivo de los profesores de derecha, como Hélène Carrère d'Encausse —convertida en secretaria perpetua de la Academia Francesa— y Dominique de Villepin, Íngrid va a lanzarse a la arena política.

Con un puñado de preservativos, idea que le dio un publicista, Íngrid enfrenta la campaña en 1994 con el aval del Partido Liberal para invitar a los colombianos a defenderse del "sida de la corrupción".

Y le funciona. En los trancones de la capital, ella se echa al bolsillo a los choferes. La mayoría son apacibles padres de familia, que sacan provecho de las veladas del juernes[26].

En su exitoso libro *La rabia en el corazón*, escrito primero en francés en 2001, Íngrid no profundiza en las grandes injusticias de Colombia y prioriza en cambio sus ataques contra la corrupción.

¡Este tipo de olvidos abundan! Militante del Partido Liberal, en 1994 termina defendiendo —lo que omite recordar en su libro— a un agente de la oligarquía, por demás responsable de la dictadura de Rojas Pinilla, de 1953 a 1957, pero también del Frente Nacional (FN)[27].

Un repaso de la historia nunca hace daño y sirve en cambio para refrescar los espíritus engañados por los bellos discursos electorales. Cuando una de las más violentas páginas de la historia colombiana

---

26. Juernes es la contracción de las primeras y de las últimas letras de jueves-viernes.

27. Esta sigla no tiene nada que ver con el FN francés.

es doblada por fin en 1958, después de la época de la Violencia, que dejó más de cien mil muertos a partir de 1948, los dos partidos enemigos de siempre, el Conservador y el Liberal, se alían. Su unión momentánea tiene por objeto apagar las voluntades de profundas reformas que encarnaba Jorge Eliécer Gaitán. Este populista, adorado por las multitudes, es asesinado a 400 metros del palacio presidencial, el 9 de abril de 1948. Su muerte provoca violentos disturbios populares, reprimidos a sangre y fuego por el régimen. Durante 16 años, de 1958 a 1974, los dos partidos respetan un pacto de no agresión, para alternarse en el poder, con un presidente liberal seguido de uno conservador, en el marco del Frente Nacional. ¿Qué país puede resistir semejante camisa de fuerza, oculta bajo la fachada que representa esta democracia alternada? Las opiniones se mantienen divididas en Colombia respecto a este periodo. Algunos historiadores lo califican de positivo en la medida en que una paz relativa sobreviene en el país, tras los horrores de la violencia. Este Frente Nacional convino en cerrar los ojos frente a la participación de militantes comunistas reconocidos en las elecciones bajo la sigla de otros partidos políticos.

Es fácil imaginar en Francia las revoluciones que habría desencadenado semejante farsa, aprovechadas evidentemente por los grupos revolucionarios de la época para clavar duro el dedo en el vientre flácido del parlamentarismo.

En aquella época el médico argentino Ernesto *Che* Guevara estaba en el apogeo de su gloria, en Congo después de Cuba, antes de su declinar en Bolivia bajo los efectos de algunas crisis de asma y su vil asesinato por el ejército, con la complicidad de los comunistas locales y de la CIA. Si existe un personaje digno de haber sido seguido entonces en América Latina, aun si no estaba exento de reproches por haber dirigido las ejecuciones de opositores en La Habana tras la victoria de Fidel Castro, se trata sin duda de este idealista.

El *Che* nunca secuestró a un civil, como lo harán luego las FARC, y casi con deleite, el ELN, a pesar de que lo comandó un cura español, Manuel Pérez, hasta su muerte en 1999.

El ELN osa reclamar su filiación con Ernesto Guevara sin tener un solo punto en común con él. Uno de sus jefes, Francisco Galán, declaró en noviembre de 2005 a una delegación de los Verdes franceses en la residencia vigilada donde vive cerca de Medellín, que esta guerrilla practica el secuestro porque "¡no sabe asaltar un banco!". En mayo de 1999, ¡el ELN secuestró a 200 fieles en plena misa en la iglesia La María de Cali!

Elegida a la Cámara de Representantes, Íngrid va a iniciar, como lo testifican sus memorias, una demolición con todas las reglas del presidente Ernesto Samper; ella lo acusa entonces de haber financiado su campaña electoral, con dineros de la droga para acceder a la primera magistratura en 1994. Volveremos más adelante sobre esta batalla.

Íngrid accede finalmente al Senado en 1998, ¡cambio de juego! Los preservativos, de la noche a la mañana caídos en desuso, dan paso a las máscaras de oxígeno de sus partidarios. Estos utensilios tienen por objeto demostrar su voluntad de no respirar el olor pestilente de la corrupción. Y una vez más, gracias a este subterfugio, todo funciona.

La representante a la Cámara llega al Senado a los 37 años, con los colores del partido Oxígeno que acaba de fundar, sin haber militado jamás en la protección del medio ambiente. En su defensa, hay que decir que esta niña de la alta sociedad no escatimó esfuerzos en su ofensiva en el Congreso contra la corrupción de un país gangrenado por el nepotismo, las palancas y la promoción burocrática a cambio de favores sexuales. Sus discursos así lo atestiguan, al igual que sus duros enfrentamientos verbales con los jefes de los partidos Conservador y Liberal.

Los liberales y los conservadores en Colombia son harina del mismo costal. Y allí es posible incluir a los "Verdes" de la campaña de la candidata a la presidencia. Nunca parecen muy preocupados por las necesidades del pueblo. El 78% de los colombianos sobrevive con menos de 220 dólares al mes mientras los congresistas, entre ellos

Íngrid en aquella época, ganan varios miles de dólares por mes, casi tanto como un diputado en Francia.

La hora de gloria, si así lo quieren los electores, suena para Íngrid cuando arranca la campaña para las presidenciales de mayo de 2002. Es momento de dar paso a los profesionales. Su autobiografía, una hazaña para quien por entonces cuenta apenas 40 años, aparece primero en Francia en la editorial xo, dirigida por el astro de las ediciones comerciales, Bernard Fixot, que presenta una poderosa campaña mediática con un éxito resonante.

Por el contrario, en Colombia, la opinión no se deja influenciar por esta ofensiva, tras haber recibido con indiferencia la nueva campaña electoral de Íngrid, lanzada esta vez con... ¡viagra!

"Enderecemos a Colombia", llegó a decir la candidata a las presidenciales, mientras se repartía la pastilla azul a los caminantes de las calles de Bogotá y otras ciudades del país.

En la misma línea que los preservativos y las máscaras de oxígeno, esta nueva tentativa fracasa, la intención de voto por Íngrid no se endereza nunca en los sondeos, al revés de lo que sucede con los efectos reconocidos del viagra.

Semejante desafecto se explica por el cansancio de los electores. Están hasta la coronilla de los permanentes ataques de la guerrilla, las explosiones de carros bomba en plena ciudad, de los secuestros en serie de los civiles y del tráfico de drogas. En el extranjero, los colombianos sufren porque se les señala con el dedo.

El pueblo quiere entonces mano firme contra los rebeldes y prefiere rechazar un nuevo plan de combate contra la corrupción, ciertamente aún viva, como lo atestigua la captura del presidente del Congreso, Armando Pomárico, en el 2002, bajo la acusación de desviar fondos públicos.

Se las había arreglado para conseguir antes de las vacaciones de navidad que sus colegas votaran un paquete presupuestal con 60 contratos ficticios por un total de 2,7 millones de dólares. Uno de esos contratos estaba destinado al pedido de... papel higiénico por un valor de ¡50.000 dólares! Si al menos se hubiera tratado de limpiar las caballerizas de Augias para devolver su limpieza a un Congreso desconsiderado, nadie habría osado protestar. Íngrid yerra el tiro con su viagra, pero en Francia la gente se traga la píldora de su libro y de qué manera. Los lectores franceses desconocen a casi todos los personajes mencionados, pero se deleitan al encontrar en esta mujer, que habla un francés sin acento cuando aparece en la televisión para comentar sus memorias, un remplazo para el ídolo que les hace falta. *La rabia en el corazón* seduce al público francés, ajeno a los problemas reales de Colombia. Pero este libro olvida una letanía de realidades capaces de brindar sombra a esta candidatura presidencial.

El publicista Jacques Séguéla, famoso desde hace más de 20 años por su campaña de 1981 sobre la "fuerza tranquila" de François Mitterrand, con la foto de un campanario que sonaba de hecho para el tedeum de la verdadera izquierda, se entrega de lleno a trabajar con Íngrid. Había pasado por Colombia durante su vuelta al mundo en los años sesenta, y había descrito su repugnancia sobre el puerto de Buenaventura, en el Pacífico, en un libro sobre su viaje, *La terre en rond*[28].

El exjefe de la casa de publicidad RSCG pilotea la campaña de Íngrid sin que se sepa. Habrá que esperar a las confesiones del antiguo brazo derecho de Íngrid, Eduardo Chávez, para saber en 2003 que el afamado publicista actuaba tras bambalinas. "Jacques Séguéla y Bernard Fixot apoyaron a Íngrid para la campaña presidencial", asegura este hombre en el reportaje televisado *En busca de Íngrid*[29]. En este mismo video, Eduardo Chávez agrega un detalle de peso: "Dominique Villepin es el mentor político de Íngrid Betancourt. Es para ella una referencia permanente", asegura enton-

---

28. Editorial Flammarion, 1960.

29. Realizada para Canal + por Gilles Perez y Philippe Lobjois en el 2003 (Cie des Phares & Balises).

ces. La alumna y el profesor se ven ya entonces a la cabeza de sus respectivos países. "Un día Íngrid me dijo sin rodeos: quiero ser presidenta de Colombia", manifestó luego Fabrice Delloye, su exmarido, en el mismo reportaje televisivo.

Cuando se conocen las dificultades de un escritor en ciernes para hacerse editar en Francia, es inevitable sorprenderse al ver cómo se apilan en las librerías los ejemplares del libro *La rabia en el corazón*, que será vendido muy pronto en 20 países, pero con muy malos resultados en Colombia. Para alcanzar esta promoción ejemplar, el editor Bernard Fixot no escatimó en medios y aprovechó toda su red de influencias. A la cabeza de un gran semanario francés que es inútil mencionar, hace entonces causa común con su amigo Dominique de Villepin. Lanza la campaña, que es seguida luego por otros medios de comunicación. Pero para alcanzar semejante éxito, una operación de mercadeo necesita ingredientes a veces difíciles de adivinar al principio y no sólo favores mediáticos.

"¿Por qué goza Íngrid de semejante eco en Francia?", no dejan de preguntarme los colombianos. En Bogotá, Medellín, Cali, Barranquilla o Cúcuta, están todos estupefactos, sin excepción alguna, ante semejante hazaña; ellos mismos han sido tocados algún día en el seno de sus familias por las secuelas de la guerra civil, y se lamentan de que la prensa francesa jamás se haya ocupado de sus casos.

En las escuelas de relaciones públicas, el fenómeno de Íngrid será un día puesto como ejemplo, incluso estudiado para aprender las lecciones y comentar nuevas campañas. Para cuajar, el postre sin duda sacó provecho de una ventaja, el apellido mismo de Betancourt. Se trata sin embargo de una familia ciento por ciento colombiana. Pero ¿hay alguien que lo sepa en las campiñas del Hexágono? Inconscientemente, como lo hemos dicho, los franceses han asociado este apellido al del antiguo diputado y ministro de derecha, André Bettencourt (con doble "t"). Seamos claros: nunca una Íngrid Pereira, o Da Silva, aun si hubiera sido hija de un antiguo primer ministro, habría podido conseguir semejante eco en Francia.

La autobiografía de Íngrid sale en Francia en la primavera de 2001. En momentos en que en Colombia ella no es más que una candidata entre muchos otros a la presidencia, y mucho menos opcionada que los demás si nos atenemos a las encuestas de intención de voto de la época, Íngrid se convierte en el Hexágono en una nueva Juana de Arco. Para los franceses, es la heroína de un país hasta ahora conocido en esencia por su producción de cocaína y su café, pero ignorado por los medios de comunicación. Solamente el escritor Bernard-Henry Lévy había intentado despertar las conciencias con su libro, *Reflexiones sobre la guerra, el mal y el fin de la historia*[30].

En esa obra se habla de las guerras olvidadas, la de Angola, la de Burundi, la de Sri Lanka, el sur de Sudán y la de Colombia, pero sin mayor éxito. Con el libro de Íngrid, y luego con su secuestro, la historia da un vuelco, con una cascada de mediatización impulsada por los miembros de la familia, que se turnan en sus frecuentes visitas a Francia para gozar primero de la prensa, después de las ONG en busca de ídolo, y finalmente de los políticos remolcados en la fama de la vedette.

El torbellino de propaganda se acelera, según los habituales métodos del gato que se muerde la cola. A partir de entonces, la prensa se hará eco inmediato de la menor reacción o declaración de un diputado, senador, ministro, sin hablar del jefe del Estado. Jacques Chirac no dudará en dedicar a Íngrid su intervención durante la Jornada Internacional de la Mujer, el 8 de marzo de 2002.

La máquina infernal ya no se puede detener, y arrastra todo a su paso. Los sitios de interés dedicados a esta nueva ídolo se multiplican. Uno, dos, diez, cien alcaldes, primero en el Hexágono y luego en otros países, donde es traducida la biografía de Íngrid, convierten a la secuestrada Betancourt en ciudadana de honor. Más de 1.500 municipalidades le han conferido ese título hasta este momento.

---

30. Editorial Grasset.

Los residentes extranjeros en Colombia son sitiados con el mismo interrogante cuando desembarcan en Francia: "¿Vienes de Colombia? ¿Qué pasa con Íngrid? ¿Van a liberarla?", me pregunta, el 3 de enero de 2003, el jefe del hospital Bichat en París. Me dirijo entonces a mi Franche-Comté natal para descansar. "Y entonces, ¿qué pasa con Íngrid?", me pregunta una de mis hermanas, profesora, sobre el andén de la estación de Vesoul (al este de Francia) a manera de preámbulo. La letanía seguirá durante toda mi estadía. La alcaldía de Roma iluminó el Coliseo el 6 de septiembre de 2003, proyectando una diapositiva de Íngrid contra la pared. En París, su retrato gigante está colgado desde el 23 de febrero de 2004 sobre la fachada del Hotel de Ville, la alcaldía de la ciudad, frente a la antigua plaza de Grève, en donde eran ejecutados los condenados a muerte durante el antiguo régimen, lo mismo que frente a la entrada de la alcaldía del barrio XVIII. El francés Marc Beltra, igualmente desaparecido en Colombia en 2003, no es objeto del mismo honor; la foto de Aïda Duvaltier, otra francesa secuestrada en Colombia en el 2001, tampoco estaba presente sobre los muros de estas alcaldías hasta que encontraron sus restos mortales en febrero de 2006.

La mayonesa está en su punto, tanto que un movimiento ha sido puesto en marcha para proponer la candidatura de Íngrid al... premio Nobel de la Paz. Una diputada francesa, Danielle Bousquet (socialista), así como un senador colombiano de izquierda, Antonio Navarro Wolff, antiguo guerrillero del M-19, apoyan esta iniciativa, hoy activamente impulsada por debajo de la mesa por... Dominique de Villepin, según las confidencias que me hizo un agente de los servicios secretos franceses.

Frente al riesgo de ver a su célebre secuestrada coronada con el premio Nobel de la Paz en noviembre de 2004, la guerrilla se decide al fin a hacer algunos comentarios sobre su acción política, por primera vez, el 3 de mayo de 2004, exactamente 800 días después de su secuestro.

Íngrid Betancourt "no era la candidata de la izquierda, ni del pueblo, para las presidenciales de 2002 en Colombia", asegura entonces

Raúl Reyes, número dos de las FARC, en una entrevista a la agencia Anncol, cercana a esa guerrilla. La exsenadora "no luchaba por una Colombia diferente de la que conocemos hoy en día (...) no era la candidata del pueblo, ni de la mayoría, no se oponía al régimen neo-liberal, no era la candidata de la paz, aun si algunos piensan que lo era; eso no es cierto", declara enfáticamente Reyes en esta entrevista, dada "desde una región de Colombia controlada por los rebeldes".

El vocero de las FARC no revela entonces ninguna noticia sobre la salud de la rehén, pero sí que los rebeldes se habían enterado de que ella tenía (también) la nacionalidad francesa después de haberla secuestrado, y agrega que antes de su "retención ella no era más que una candidata del mismo sistema, con excepción de pequeñas diferencias, destinadas sobre todo a hacer política (...)".

Esta reacción de la guerrilla no tendrá ningún efecto ante un público francés "tan betancourtizado" que es incapaz de hacer el menor cuestionamiento a la imagen santificada de su ídolo.

El masaje se convierte en el mensaje, como decía el canadiense Herbert Marshall McLuhan, hasta el punto de que quien no conoce a Íngrid en Francia hoy en día o no conoce su causa, no es más que un iletrado a los ojos de sus admiradores.

IV

23 de febrero de 2002: la verdad sobre un secuestro

Si Íngrid Betancourt hubiese querido que la secuestraran, no habría podido actuar mejor para lograrlo que cuando decidió, el 23 de febrero de 2002, salir de Florencia por carretera, con destino a San Vicente del Caguán, atravesando una zona infestada de guerrilleros. Esta es la conclusión a la que conduce mi investigación sobre las condiciones de su desaparición a manos de las FARC.

En Colombia, las imprudencias se pagan caro. Viajar por el país en carro o a pie puede convertirse a veces en un juego de ruleta rusa. Sólo durante el mes de enero de 2004, dos franceses pagaron caro su temeridad, en grados diferentes.

El primero, Julien Fouchet, salió bien librado. Pasó cinco semanas a principios de 2004 como rehén de los paramilitares en la Sierra Nevada, cerca de Santa Marta, en el norte del país, antes de ser liberado.

Fouchet, estudiante de derecho, había insistido en escalar esta majestuosa montaña de cerca de 6.000 metros, cubierta de nieves perpetuas y a la vista misma del mar Caribe. Cuando me encontré con él en Bogotá, el 8 de septiembre de 2003, durante una reunión de ONG, traté de persuadirlo para que no realizara esa aventura, después de que él mismo me confesara tener un cierto hormigueo en las piernas.

"Voy a visitar a los guerrilleros del ELN, son personas interesantes", le había confesado a uno de sus amigos antes de viajar a la Sierra Nevada. El día de su liberación cerca de Santa Marta, en las estribaciones de la Sierra, fue entregado al cónsul de Francia, Noël Saez, por uno de sus secuestradores.

En el caso del segundo, el franco-español Marc Beltra, el misterio continúa. Debió cumplir 23 años en enero de 2005. Profesor asistente de francés en la mejor universidad de Bogotá, la Javeriana, salió con un morral en diciembre de 2003 en la dirección opuesta a la de Fouchet, hacia el sur, rumbo a la Amazonia. "Voy a ver a las tribus indígenas y a tomar fotos", le contó a uno de sus allegados. Marc había obtenido un premio de la Unesco por su trabajo en grabado. Desde que se embarcó en una piragua en el río Yarí, cerca de Leticia, en dirección al Perú, no se le ha vuelto a ver. Se ignora si las pirañas dieron buena cuenta de él, si fue asesinado, o si enmohece en las cárceles de la guerrilla. Su tío, Michel Olivès, batalla sin descanso por activar la búsqueda y sensibilizar a los medios de comunicación en Francia, ya que su hermana Françoise, la madre de Marc, tomó la decisión en febrero de 2004 de partir a... Leticia —¡una población ubicada en el corazón de los temas de desaparecidos!—, y de instalarse en un pequeño hotel hasta la reaparición de su hijo.

Infografista residente en París, Michel Olivès no se anda con rodeos para expresar lo que lleva en el corazón, frente al despliegue exagerado en la prensa francesa por Íngrid. Hablamos largamente el 23 de noviembre de 2005: "Se trata verdaderamente de dos raseros diferentes. ¡Nosotros batallamos en soledad y no disponemos de ningún respaldo!", se queja en un tono sorprendentemente tranquilo.

Uno de sus textos sobre el tema del aislamiento, leído por un comediante en la gala del 24 de octubre del 2005 para Íngrid en el teatro del Rond-Point en París, provocará la ira del ministro de

Asuntos Exteriores, Philippe Douste-Blazy, quien subirá esa noche a escena para defender la labor de los diplomáticos.

Este mismo ministro había metido la pata en grande el 25 de septiembre anterior al evocar, en las ondas de Radio J, la búsqueda de un "acuerdo humanitario para todos los prisioneros que hay hoy en día en Colombia, incluyendo entre esos prisioneros a Íngrid Betancourt". Bogotá recibió la declaración con un sobresalto. Los entre 2.000 y 3.000 civiles secuestrados y por los cuales la guerrilla pide un rescate económico no son "prisioneros" sino rehenes, víctimas de un "crimen", según el derecho humanitario y la justicia de todos los países democráticos.

"Me compadece el drama de Íngrid, pero reprocho al gobierno francés el no interesarse sino en los casos mediatizados", se queja el tío de Marc Beltra. En ese entonces le escribió a Michel Barnier, sucesor de Dominique de Villepin en el Quai d'Orsay. "Nunca obtuve respuesta", asegura, antes de agregar: "El hermano de Florence Aubenas —la periodista de *Libération* entonces rehén en Iraq— tenía incluso el número del teléfono móvil del director de gabinete de Barnier. Yo, en cambio, nunca fui recibido. ¡Es asqueroso!".

El desde entonces famoso Noël Saez, cónsul para la época de Francia en Bogotá, recibió a Michel Olivès en mayo de 2004 en su oficina de la capital colombiana. Según Michel Olivès, ningún diplomático francés se dignará a llamar a la familia de Marc Beltra, después de esas entrevistas, ¡para decirle si la guerrilla mantenía retenido a este joven!

El 23 de febrero de 2002, de triste recordación, Íngrid se lanza a una aventura hasta ahora sin regreso, por no haber sabido medir o, más aún, por no haber querido apreciar las posibles consecuencias de sus actos. Algunos de sus detractores se preguntan incluso si ella no los provocó.

Colombia atraviesa por aquellos días por un período decisivo de su historia contemporánea, en un clima de alta tensión sin precedentes. Tres días antes, el 20 de febrero, el presidente Andrés Pastrana había roto los diálogos con las FARC, y puesto fin a la zona desmilitarizada que le había otorgado a esta guerrilla el 7 de noviembre de 1998, tres meses después de su posesión como jefe del Estado.

En caída libre en los sondeos, vilipendiado por su debilidad insigne frente a las exacciones de los rebeldes y acusado de no haber impuesto jamás a la guerrilla un cese al fuego previo, el presidente no tiene más salida.

El 20 en la mañana, un vuelo comercial de la compañía local Aires es desviado entre Neiva, en el sur, y Bogotá, por un comando de las FARC, con 34 personas a bordo.

Con la amenaza de las armas, los rebeldes hacen aterrizar el aparato, un turbo propulsor Havilland Dash 8-300, en una carretera menor, lo que logra con decisión y sin mayor dificultad la joven piloto del avión.

Los guerrilleros dejan a orillas de la carretera a los 34 pasajeros y se eclipsan entre los matorrales con un solo rehén, pero de importancia, el senador Jorge Eduardo Gechen, presidente de la Comisión de Paz del Congreso.

Frente a esta evidente provocación, Andrés Pastrana se encierra entonces en su despacho, con la cabeza entre las manos, tras una reunión con el Consejo de Seguridad del estado mayor de las fuerzas militares.

Fornido, el ojo despierto, y el bigote aguzado por una ambición desplegada a los cuatro vientos, este hijo de buena familia, conservador de sonrisa maliciosa, está siempre dispuesto a agradecerle a la Providencia. Criado él también, como las hermanas Betancourt, con cuchara de plata, sus dos hermanos fueron alguna vez los "compañeritos" de Íngrid y Astrid Betancourt, tal y como esta última lo confesará a las cámaras de Canal +. Sacaron adelante un diario, *La Prensa*, que desaparecerá antes de la edad madura. Pero Andrés tiene el virus de la política. Después de haber sido alcalde de Bogotá, se alió con... Íngrid Betancourt, para alcanzar el poder en 1998, con el compromiso de disolver el parlamento, acusado de corrupción por Íngrid. Se apresurará a... ¡incumplir este compromiso!

Su apuesta magistral de agosto de 1998 es "recuperar la paz para Colombia". Estaba seguro de lograrlo, y de convertirse así en un héroe de la historia de la dimensión de Simón Bolívar, el Libertador de América Latina a principios del siglo XIX, hoy en día todavía la referencia obligada para todo presidente del subcontinente[31].

Con la idea de poner fin a una guerra civil interna, Andrés Pastrana, hijo de Misael Pastrana (presidente él también de 1970 a 1974 y amigo íntimo de Gabriel Betancourt, así como de su esposa Yolanda), les madruga a las exigencias de los rebeldes para sorpresa general. Acuerda con ellos, sin contrapartida alguna, una zona desmilitarizada que incluye cinco municipios, para una superficie total de 42.000 km² —el equivalente de Suiza—, 600 km al sur de Bogotá. Los guerrilleros, acostumbrados a las promesas desmedidas, como lo revela la estrategia actual en las negociaciones para la liberación de sus secuestrados, no cabían de su asombro, según los testigos del acuerdo. Sólo habían esperado la desmilitarización de dos municipios.

El ejecutivo y las FARC se pusieron entonces de acuerdo para elaborar una agenda de doce puntos, destinada a refundar, sin fecha límite, una "nueva Colombia", con una reforma agraria, entre otras cosas[32]. Estimulados por las concesiones del presidente, los rebeldes conseguirán incluso la partida del batallón Cazadores de San Vicente del Caguán, en el departamento del Caquetá, contrariamente a los acuerdos iniciales. Los guerrilleros convertirán estas instalaciones en su cuartel general y San Vicente del Caguán pasará a ser la capital de un verdadero Estado de hecho para los revolucionarios.

---

31. En Venezuela, lugar de nacimiento de Bolívar, el presidente de izquierda que se encuentra hoy en día en el poder, Hugo Chávez, rebautizó la República añadiéndole el adjetivo "Bolivariana", para hacer énfasis en su independencia y su voluntad de ruptura frente a la influencia de Estados Unidos en el subcontinente.

32. Los guerrilleros lograron conservar sus armas en esta zona, convertida en "laboratorio de paz".

Los guerrilleros engañaron al jefe del Estado desde el primer momento en un juego dramático para el porvenir del país, algo de lo que Pastrana sólo tomará conciencia en el último minuto, a pesar de las advertencias de sus colaboradores.

El senador liberal Luis Eduardo Gechen es tomado entonces como rehén por las FARC el 20 de febrero de 2002, en medio de las negociaciones de paz entre la guerrilla y el gobierno.

Un mes antes, el diálogo había estado a punto de romperse, pero una comisión de "países amigos", compuesta por diplomáticos extranjeros, había conseguido impedirlo gracias a una serie de argucias jurídicas.

Nadie parecía más inocente ante el inevitable fracaso que el coordinador de este grupo, el embajador francés Daniel Parfait, portavoz del anuncio en la televisión de la buena noticia. "Esta noche todos nos sentimos colombianos", declara el 20 de enero de 2002 con una mueca glotona, antes de jactarse del éxito de su gestión, que será pronto olvidada por los hechos...

Nadie le había pedido entonces al diplomático, menos aún el gobierno de Bogotá, que remplazara con su voz a la de las autoridades locales. En materia de negociaciones con los grupos terroristas, la discreción es de rigor. Se trata de la regla número uno en esta materia.

Exactamente un mes después, se desvanecen las últimas ilusiones del embajador Parfait, así como los sueños de grandeza de Andrés Pastrana. El presidente colombiano se había desplazado a Oslo en el año 2000 para intentar, secretamente, invitar al comité del premio Nobel de la Paz a no olvidarse de él en sus deliberaciones de ese año, en agradecimiento a sus esfuerzos por la paz de Colombia, como lo reveló la prensa nacional. Si hubiera conseguido ganar la apuesta de traer la paz a su país, sin duda el premio Nobel le habría sido otorgado un día. El presidente colombiano fue conminado a cortar por lo sano por el estado mayor de las fuerzas armadas, alborotado de tiempo atrás ante su inercia frente a los rebeldes. Al final de su mandato, en agosto de 2002, Pastrana durará meses recluido en su lujoso apartamento de Madrid, consciente de que era odiado, e incluso calificado de "traidor" por algunos, por esa misma razón. Será nombrado por Álvaro Uribe embajador de su país en Estados Unidos en el año 2005.

Solo en su despacho, el 20 de febrero de 2002, Andrés Pastrana camina de un lado a otro, y finalmente cae postrado y se pone a rezar frente a un crucifijo. Colombia es uno de los países más creyentes y practicantes de Suramérica. Cada año, en Pascua, centenares de fieles suben de rodillas los miles de escalones que conducen a la iglesia de Monserrate, en lo alto de una de las montañas de Bogotá, a casi 3.000 metros de altura. Desde 1620 es allí venerada la virgen negra. Otros peregrinos se hacen crucificar el viernes santo para implorar la ayuda divina en la liberación de su hijo secuestrado. Pablo VI y Juan Pablo II visitaron las tierras colombianas varias veces.

Uno de los consejeros presidenciales tiene un mensaje urgente para transmitirle a Pastrana ese 20 de febrero.

Como nadie le abre la puerta del despacho presidencial, la empuja ligeramente. En ese momento, el espectáculo lo deja helado. El presidente de los colombianos está llorando, y no deja de gemir, de rodillas, sin siquiera darse cuenta de que es observado, con terror, por uno de sus colaboradores, que me contará luego esta anécdota.

Al relatarla, me confesó que llegó a preguntarse si su jefe no estaba a punto de cometer lo irreparable y poner fin a sus días en el Palacio Antonio Nariño, llamado así en honor de uno de los fundadores de la república de Colombia hacia el final del siglo XIX[33]. El presidente consigue finalmente ver a su consejero a través de una cortina de lágrimas, se repone, y se levanta como si nada.

Dos horas más tarde, anuncia con voz firme y determinada al país, frente a las cámaras de televisión, el fin de las conversaciones con las FARC, y le da a este grupo guerrillero 24 horas para abandonar la zona desmilitarizada.

---

33. Traductor al español de la *Declaración de los derechos del hombre y del ciudadano*.

"Usted convirtió esta zona en guarida de secuestradores, laboratorio de drogas ilícitas, así como depósito de armas, dinamita y carros robados", le reclama ante los telespectadores el jefe del Estado a Manuel Marulanda, jefe de las FARC.

Fundador de este movimiento de credo comunista y apodado Tirofijo, se trata de un viejo campesino que cumplió 73 años el 15 de mayo de 2005, según mis fuentes de la guerrilla. Las malas lenguas atribuyen su ingreso a la fuerza rebelde a la cólera que le produjo el hecho de que el ejército le hubiese matado todos sus marranos.

El desvío del avión de Aires fue "la gota de agua que rebosó la copa de la paz", declara el jefe del Estado ante las cámaras. Tres meses más tarde, en mayo, durante la Cumbre de Madrid, las FARC serán catalogadas de organización terrorista por la Unión Europea, que había hecho gala hasta entonces de una extrema comprensión por los ideales de este grupo, a pesar de su violencia ciega y del secuestro de civiles.

El ejército está impaciente por atacar el reducto rebelde a golpes de cohetes a partir de la medianoche y de devolverlo al estado de derecho.

La "Operación Tánatos" (dios griego de la muerte) es puesta en marcha por el ejército con el bombardeo, el 21 de febrero de 2002, de 85 objetivos en la antigua zona desmilitarizada.

Cinco mil hombres participan en esta vasta ofensiva, que incluye 200 misiones aéreas, y la ayuda de helicópteros Black Hawk de fabricación norteamericana, desde la base de Tres Esquinas (departamento del Caquetá), al oeste del antiguo enclave rebelde.

Cien mil civiles, en su gran mayoría campesinos, viven en esta región. Son miles los que se dedican a cultivar la coca en los cinco municipios (San Vicente del Caguán, Mesetas, La Macarena, la Uribe y Vista Hermosa), en el corazón de una región tropical húmeda y calurosa, al este de la cordillera Oriental de los Andes.

Mal que bien, hacen entre cuatro y cinco cosechas de coca cada año. Los cultivadores europeos se volverían multimillonarios y no necesitarían ya los subsidios de la PAC (Política Agrícola Comunitaria) con semejante maná celestial, cuando en realidad dependen de una única cosecha de trigo, y eso si las heladas no han sido demasiado fuertes en primavera.

El 23 de febrero de 2002, Andrés Pastrana, recuperado del todo después de haber sufrido las afrentas de las FARC durante más de tres años, sin reaccionar más que con la cabeza baja, toma el toro por los cuernos. Decide presentarse en persona en San Vicente del Caguán, pese a que la "Operación Tánatos", está lejos de terminar.

Sin entrar en comparaciones, su iniciativa tiene algún parecido con la decisión de Charles de Gaulle de presentarse el 25 de agosto de 1994 en París, en la catedral de Notre Dame, en momentos en que los alemanes se encuentran aún dentro del perímetro de la capital.

El futuro presidente francés se salvará por poco de las balas de los francotiradores solitarios sin botarse al suelo, al contrario de lo que hacen todos sus admiradores presentes en la catedral. Este frívolo presidente colombiano hizo gala de coraje a la hora de penetrar el santuario de las FARC. La pista del aeropuerto local había sido sembrada de minas antipersonales por los rebeldes, y ningún aterrizaje era posible. El jefe del Estado escogió volar en avión de Bogotá a Florencia, capital del departamento del Caquetá, y luego volar en helicóptero hasta San Vicente del Caguán, 140 km al este.

Cinco helicópteros, dos Black Hawk y tres Huey, esperan igualmente a los 150 periodistas invitados a San Vicente del Caguán, en el aeropuerto Gustavo Artunduaga Paredes, en Florencia.

Encuentro allí a uno de mis colegas de la AFP, Ricardo Uztarroz, sobre la plataforma de parqueo de los aviones. Yo le había prohibido la víspera tomar la carretera desde Florencia para llegar a San Vicente del Caguán. Mis fuentes militares y policiales en el lugar, y el estado mayor en Bogotá, habían calificado de "suicida" un desplazamiento semejante en carro cuando les pregunté sobre ello para evaluar los riesgos. Conseguí así agregar en el último minuto a mi colega en la lista presidencial de enviados especiales autorizados a tomar uno de los helicópteros.

Antes de subirme con él a bordo de un Black Hawk, nos dimos cuenta de una aglomeración a orillas de la pista, a menos de cien metros alrededor de una mancha amarilla. No sabíamos de qué se trataba. De hecho no tuvimos tiempo de averiguarlo. Un coronel se puso a gritar. Era hora de embarcarse. Apretados como sardinas, volamos durante treinta minutos en cuclillas. Éramos más de 30 en la cabina, sin siquiera podernos sentar sobre el piso. Un suboficial nos repetía: "No se acerquen a los vidrios, no vaya y sea que los coja una ráfaga...", parecía bromear, con el rostro pálido, el militar colombiano.

A más de 200 km por hora, el aparato volará a ras sobre la selva, a menos de diez metros de la copa de los árboles gigantes, "para evitar ser detectados por la artillería rebelde", como me lo confesará luego el mismo militar. Otro Black Hawk, que salió de primero con el presidente Pastrana a bordo, será alcanzado por impactos de bala durante el mismo trayecto, según las memorias del jefe del Estado de las que hablaré más adelante. Nunca nos dijeron si alguna ráfaga tocó nuestro aparato, debidamente blindado para resistir en principio un disparo de rocket RPG-7.

En las aberturas, a izquierda y derecha del helicóptero, dos operarios de ametralladora, con un águila dorada pintada sobre su casco negro, están con el dedo sobre el gatillo de su ametralladora M-60, capaz de descargar 2.000 tiros por minuto.

Tras mis pies, una caja llena de munición de calibre 160 está ubicada sobre el piso. Sería una maravilla poder sentarse encima, pero la presión del apiñamiento me impedirá darme ese lujo, en medio de una anquilosis creciente.

El Black Hawk termina por seguir los meandros del río Risalto, intensamente amarillo por las permanentes lluvias tropicales. Ningún pescador recorre sus riberas. Esta jungla está intacta, tal y como el día que surgió.

El aterrizaje, y luego el despegue para el regreso, tendrán lugar en un pequeño terreno de fútbol con la hierba alta en las afueras de San Vicente. Es evidente que los guerrilleros tenían mejores cosas que hacer que dar patadas al balón durante su permanencia en la zona desmilitarizada. El aparato del presidente acaba de aterrizar. Despeinado por las ráfagas de viento, el jefe del Estado aparece con una gran sonrisa. En la nube de soldados que lo escoltan, dos grandes rubios se destacan del resto.

Su apellido sin su nombre de pila, como el de todo militar acá, está cosido sobre el costado derecho del uniforme caqui, a la altura del pecho. Se trata de dos estadounidenses. No lo pueden ocultar, entre otras cosas porque no hablan sino... inglés, con inconfundible acento yanqui, y ni una sola palabra de español. El soldado Graves intercambia algunas palabras con nosotros. Reconoce ser agregado militar. "Es un lindo aparatico", exclama frente a uno de los Black Hawk detenido ya en el suelo. Las aspas que aún giran hacen volar quepis y gorras del personal de la brigada móvil número 3. Su compatriota, Tomlinson, responde con una ocurrencia cuando le preguntamos la razón de su presencia allí: "Como ustedes, ando de paseo".

Por la abertura de sus mochilas asoman carnés del estado mayor. "Nosotros no participamos en los combates", me aseguran ellos. Aparentemente no vienen armados, en todo caso no allí en la mitad del campo de fútbol. Esta improvisada pista está vigilada por militares listos a reaccionar ante cualquier escaramuza. Un soldado colombiano atrae a los fotógrafos. Geovani lleva no solamente sobre los hombros un radio con antena de cuatro metros, sino también un fusil de calibre 5.56, y también un lanzagranadas múltiple MGL de calibre 40. "He dado de baja ya a uno que otro guerrillero, en varias ocasiones", nos asegura.

Desde el balcón de la alcaldía, Andrés Pastrana pronuncia un discurso encendido sobre la retoma de la región por el gobierno, y regresa luego a la capital sin mayor demora, pues muy pronto la noche va a caer. Sus guardaespaldas han pasado todo el tiempo atisbando la eventual presencia de francotiradores solitarios sobre el techo de los inmuebles vecinos. Nuestros helicópteros toman el mismo camino que el del presidente, con un afán evidente. Hay que correr para hacerse un cupo en la cabina.

Esa misma noche, recibo una llamada de la Presidencia de la República en Bogotá. "Perdimos la pista de Íngrid Betancourt", me revela uno de los voceros del presidente, Víctor Arango. El gobierno está inquieto. Aun si no se encuentra en el mejor nivel en las encuestas, con apenas 0,4% de las intenciones de voto, la candidata de Oxígeno a las presidenciales se ha convertido en una *vedette* en el extranjero, sobre todo en Francia, gracias al éxito de su autobiografía.

La mancha amarilla que alcanzamos a ver por la mañana en el aeropuerto de Florencia era Íngrid. Me daré cuenta al día siguiente al observar su foto en la prensa, a un costado de la pista, con una camiseta de ese color.

Quería a toda costa unirse a los periodistas invitados para llegar a San Vicente del Caguán, cuyo alcalde, Néstor León Ramírez, acababa de ser elegido en nombre de su partido Oxígeno. Íngrid consideraba normal que le permitieran subirse a los helicópteros con la prensa internacional rumbo a San Vicente del Caguán. Sin embargo, es conveniente poner los hechos en perspectiva, sin tomar partido: primero, ninguno de los Black Hawk estaba en capacidad de recibir una persona más, pues el apiñamiento humano sobrepasaba ya los límites de la seguridad. Segundo, muy importante, el presidente Pastrana había estado en contacto, la víspera, con varios candidatos presidenciales, para informarles sobre la imposibilidad de que lo acompañaran al Caguán.

Esta realidad objetiva, confirmada por numerosas fuentes, no impedirá que Fabrice Delloye denuncie "al abominable Pastrana" y Yolanda Pulecio lo califique de "infame" en el reportaje para la televisión *En busca de Íngrid*, ya mencionado, por cuenta del rechazo del entonces presidente a que Íngrid subiera a uno de los helicópteros. El jefe del Estado lo explica en su libro *La palabra bajo fuego*[34]. Contactado personalmente en Washington D. C.[35],

---

34. Editado en español por Planeta Colombiana en 2005.

35. Andrés Pastrana es nombrado embajador de Colombia en Estados Unidos en el 2005.

Pastrana me autorizó, previo visto bueno de su casa editorial, a publicar este extracto del libro sobre este asunto tan polémico. Las menciones entre paréntesis son agregados de mi parte para facilitar la comprensión del texto de Andrés Pastrana:

Decidí viajar, con los altos mandos militares y de policía, el sábado 23. Para entonces había recibido una serie de solicitudes de distintos candidatos presidenciales, como Horacio Serpa, Noemí Sanín e Íngrid Betancourt, para ir a San Vicente. Conversé el tema con el ministro de Defensa, Gustavo Bell, quien me dijo que no había todavía condiciones suficientes de seguridad para la visita de los candidatos. De hecho, estábamos apenas iniciando el operativo militar de retoma y era prematuro intentar cualquier clase de actividad proselitista, así se tratase de actos de solidaridad. Todos entendieron las prudentes razones menos Íngrid Betancourt, quien insistió en ir, aduciendo que tenía que visitar la población porque el alcalde, recientemente elegido, pertenecía a su movimiento. Yo fui muy claro en sostener que eso todavía no era posible y así se lo hicieron saber también los organismos de seguridad.

Salimos entonces hacia San Vicente, y aterrizamos en el aeropuerto de Florencia (Caquetá), desde donde seguiríamos en helicóptero hacia la Zona. Cuál no sería mi sorpresa al divisar en el aeropuerto a la candidata Íngrid, quien, a pesar de lo hablado, insistía en hablar conmigo para pedirme que la llevara en el helicóptero. Claramente, eso era algo a lo que no podía acceder. En plena época de campaña electoral, y después de haber negado las solicitudes de ingreso a los otros candidatos, ¿cómo podía yo ahora montar a Íngrid al helicóptero del presidente y llevarla a San Vicente? Como mínimo, me acusarían ante la Procuraduría por favorecimiento o indebida participación en política.

No hablé con ella, porque sabía que no podía ceder a su petición. Le mandé razón con los militares de que no era oportuno que fuera todavía a la Zona y que podría hacerlo unos días después, cuando se estabilizaran las condiciones de seguridad. Íngrid, sin embargo, insistió en viajar, así fuera por tierra. Los militares, los policías y sus mismos guardaespaldas procuraron hacerla desistir de este intento suicida. Le advirtieron con fundadas razones que, a pesar de la operación de retoma, se tenía conocimiento de que había presencia guerrillera en la carretera, a pocos kilómetros de Florencia. Ella, lamentablemente, hizo oídos sordos a las advertencias, se obstinó en viajar y se enfrentó voluntariamente a un riesgo que terminó por convertirse en ominosa realidad.

Un día antes de iniciar su viaje, la policía nacional y el DAS, por medio del coronel Carlos Julio Hernández, jefe de Protección, le habían informado del "alto riesgo" que corría al viajar por tierra hacia San Vicente del Caguán y le habían prestado todo el apoyo de seguridad solicitado por ella, no sólo con escoltas sino también con un vehículo. Al día siguiente, 23 de febrero, cuando Íngrid arribó a Florencia, el mayor Ómar Rubiano, subcomandante operativo del Caquetá; el capitán Jaime Alberto Herrera, y el director seccional del DAS se reunieron con ella para reiterarle la recomendación de no viajar a San Vicente. Sin embargo, Íngrid insistió y decidió dejar a los escoltas asignados en Florencia.

Pero eso no fue todo. En el mismo aeropuerto, el comandante del Batallón Liborio Mejía también le hizo la misma advertencia. Pero Íngrid persistió y partió con sus acompañantes. Ya en el camino, al llegar a uno de los retenes militares, el comandante del mismo le pidió que no continuara pues había combates más adelante. A pesar de esto, Íngrid contestó: "Yo sigo bajo mi propia responsabilidad y por mis propios medios". Nada ni nadie logró hacerla desistir de su propósito.

Cuando escribo estas líneas, Íngrid Betancourt y su jefe de campaña Clara Rojas llevan ya más de tres años secuestradas por las FARC, y se han convertido en un símbolo mundial del desprecio de la guerrilla por los derechos fundamentales de los seres humanos y en una fuerza aglutinante contra el infame delito del secuestro que afecta a tantos colombianos. Todos esperamos que pronto recuperen su libertad y sigan abonando con sus ideas el camino futuro de Colombia.

Tan cierto resultó, por otro lado, que las condiciones de seguridad eran todavía precarias, que el helicóptero Black Hawk, en el que viajamos con los generales Tapias y Mora, y el comisionado, desde Florencia hasta San Vicente, resultó impactado por balas durante el trayecto.

Hasta aquí la opinión expresada por Andrés Pastrana en sus memorias.

Engreída por el suceso literario fuera de Colombia de *La rabia en el corazón*, la candidata creyó entonces que nada podía detenerla, según todos los testimonios directos que recogí, y que relato fielmente aquí, con una explicación del fotógrafo Alain Keler.

De 60 años de edad, este reportero gráfico profesional, conocido y respetado desde hace más de tres décadas, es la última persona que vio a Íngrid Betancourt en libertad, pues no la abandonaba ni un segundo desde hacía una semana por cuenta de un reportaje destinado a la revista mensual *Marie-Claire*. Keler tomó las últimas fotos de la candidata antes de su secuestro (una de ellas es la portada de este libro) y él mismo estuvo retenido durante cerca de 24 horas por los guerrilleros de las FARC antes de ser liberado, cuando Íngrid y Clara Rojas eran conducidas hacia las profundidades de la selva bajo la amenaza de los AK-47. Alain Keler fue categórico en sus revelaciones en 2005 en París, durante la entrevista que sostuvimos: "Íngrid no merecía ser secuestrada ni por un solo día, pero la verdad es que se lanzó de cabeza en la boca del lobo", me dijo con insistencia.

He aquí el relato de esta jornada trágica, a partir de diferentes testimonios recabados, y con mis comentarios entre paréntesis:

En la mañana del 23 de febrero de 2002, en el aeropuerto de Florencia, Íngrid Betancourt es apenas contenida por los militares. No deja de llamar, a gritos, al presidente Pastrana cuando éste desciende de su avión antes de subir, sin acercarse a saludarla, en un Black Hawk con rumbo a San Vicente. La voz de Íngrid es tapada por el sonido de las hélices del aparato. Si el jefe del Estado no quiso escucharla, en cambio los jefes militares en el aeropuerto la reciben, en una oficina, con toda la amabilidad de la que pueden ser capaces los colombianos, en especial entre las clases populares. Las conversaciones se prolongarán durante más de tres horas (cerca de siete horas, según Adair Lamprea, conductor de Íngrid). Las fuerzas del orden intentan persuadir a la candidata, que no quiere escuchar razones. Uno de los soldados, Nelson Burgos, a todas luces presa de los nervios, deja escapar un tiro de su arma automática en un gesto infortunado en momentos en que le quita el cargador a la pistola calibre 9 mm. La bala pasa cerca de la oreja de Íngrid, sin tocarla. Ella insiste entonces en dirigirse a San Vicente por la carretera. Los suboficiales, con el apoyo de un mapa, le explican el peligro de esta zona sembrada de minas. Los servicios secretos del DAS (Departamento Administrativo de Seguridad) ponen entonces a su disposición un vehículo de servicio 4 x 4 marca Nissan (Andrés Pastrana asegura en sus memorias que esta camioneta le había sido entregada a Íngrid la víspera), pero sin los dos guardaespaldas hasta ese momento encargados de protegerla, teniendo en cuenta los peligros narrados por los suboficiales y registrados en un memorando. Los agentes toman entonces la precaución de quitarle al vehículo las placas de matrícula.

En reciente entrevista con Yamid Amat (*El Tiempo*, 19 de febrero de 2006), los dos guardaespaldas, Ómar Garzón y Nelson Burgos, declararon:

(…) *¿Y no le prestaron el helicóptero?*

Garzón: A ella le informaron que eso dependía del general Arcesio Barrero. Ella fue y habló con él; tengo entendido que pidió apoyo del ejército para irse por tierra pero le advirtieron que había retenes en la vía, sobre todo uno entre Montañita y Paujil, el más duro de la guerrilla, y que marcaba prácticamente el comienzo del territorio de ellos. A ella le dijeron claramente que no la podían llevar a una zona de combate. Le advirtieron que era evidente el peligro de muerte. "Si a usted la matan en combate, ¿yo qué camino cojo?", le dijo el general.

Y usted, que ya tenía cuatro años de trabajar con ella, ¿no la aconsejó...?

G.: Claro que sí. Le pedí que no fuera. Ella es aguerrida y terca.

¿A qué quería ir ella a San Vicente?

G.: El alcalde era de Oxígeno, su movimiento político. Se había levantado la zona de despeje y ella quería ir a brindarle apoyo a su alcalde.

Eso era lógico. ¿No le parece?

G.: Sí, era lógico en circunstancias normales, pero no en esos momentos graves.

(…) ¿Usted, detective Burgos, también trató de disuadirla?

B.: Por supuesto. Le supliqué que no viajara porque ponía en peligro su vida y nos condenaba a muerte si la acompañábamos. Nos dijo: "Yo con ustedes dos no tengo problemas; son los demás los que los van a tener cuando regrese".

Pero ¿le comunicaron a ella que tenían orden de no acompañarla?

B.: Es que la orden no era no acompañarla, la orden general era que nadie podía salir de Florencia.

¿Su obligación no era preservar primero la vida de ella antes que la de ustedes?

B.: Nuestra responsabilidad llegó hasta cuando no la pudimos convencer de que sin el apoyo de la policía o el ejército era un suicidio salir.

Cuando ella insiste en salir hacia San Vicente, ¿qué pasa?

G.: Ella envía a Adahil Lamprea, un asesor suyo, a que le busque unos vehículos para ir por tierra; él regresa y le dice que nadie se le mide a ese viaje, ningún carro; entonces pidió un vehículo del DAS; los compañeros del DAS de Florencia llamaron al director en Bogotá y él autorizó entregarle una camioneta. Ella firmó un acta asumiendo la responsabilidad del vehículo. Lamprea le puso avisos de Íngrid y se fueron. Tengo entendido que saliendo del Liborio Mejía trataron de atajarla otra vez, pero no hubo poder humano que la frenara.

(…) Con este relato, uno piensa que el Estado fue en gran parte responsable del secuestro por no haberla protegido, si autorizaba su ingreso, o por no haberla detenido, si no lo autorizaba.

G.: ¿Para qué es la escolta? Para evitar los riesgos, no para enfrentarlos; la escolta no es para llevar el personaje a enfrentamientos, sino para eludirlos.

(…) *Íngrid cometió un error. Pero ¿las autoridades no cometieron uno más grave al permitirle ir sin protección?*

G.: El DAS no es fuerza de choque; no tiene medios para enfrentar a la subversión.

(…) *En Francia prácticamente se cree que fue un secuestro de Estado, porque no se le dio a Íngrid la protección debida. ¿Qué piensa?*

G.: No. Ella está secuestrada por decisión de ella. Sinceramente, no hay más culpables, diría yo. Ella tomó la decisión de irse sabiendo lo que le iba a pasar. Ella sabía perfectamente para dónde iba, que de ahí no pasaba.

(…) *¿No era una alternativa lógica prohibirle el paso?*

B.: Sí. El libro en el que asumió la responsabilidad de su viaje lo firmó sobre una barrera del retén militar. La persona encargada allá y que dio el paso era un mayor, que debió haber recibido la orden de otro superior y supongo que ese superior de otro, hasta que esa orden tuviera que salir de Presidencia o algo así (…).

Cinco personas suben en el 4 x 4: Íngrid; su amiga y candidata a la vicepresidencia Clara Rojas, bautizada por todos por su diminutivo Claraleti; un camarógrafo de la campaña de los Verdes; Mauricio Mesa; el fotógrafo de *Marie-Claire*, Alain Keler, y Adair Lamprea, el conductor.

Militante de Oxígeno desde hace cinco años y director de logística de la campaña, Lamprea conoce bien esta carretera por haberla recorrido en carro tres veces ya en el pasado reciente.

Por sugerencia de Íngrid, plantan en los costados del vehículo banderas blancas con las inscripciones Oxígeno y Prensa Internacional.

"¡Es un suicidio, van a matarla, no arranque!", le grita, sin éxito, un suboficial de la policía al conductor de la Nissan. Marianne Mairesse, periodista de *Marie-Claire*, que llegó por dos semanas con Alain Keler para realizar un reportaje sobre Íngrid, se niega a seguir adelante en semejantes condiciones y decide quedarse en Florencia, según testimonio de Keler. A pocos metros de allí, un retén del ejército, más exactamente del Batallón 12 Liborio Mejía, detiene la Nissan. "¡Aquí adelante está lleno de rebeldes! ¡No sigan!", les advierte un militar de guardia. "¡Seguimos adelante!", ordena la candidata. Parece muy segura de sí misma, casi indiferente a las alertas.

Ante su insistencia, los militares le hacen firmar a la *doctora* Íngrid una declaración en la que manifiestan su desacuerdo con que ella siga "por su cuenta y riesgo" por un territorio todavía en manos de la guerrilla.

Este documento, firmado a la 1 y 10 de la tarde, es inscrito en el registro del batallón, según testigos oculares.

Nunca la familia de la futura rehén hará alusión a este incidente fundamental, cuando sus miembros comiencen a denigrar del presidente Pastrana y luego de su sucesor por su supuesta falta de apoyo frente a este secuestro.

En Francia, cuando un retén de la policía anuncia "prohibido el paso", nadie se atreve a pasar. Ahora bien, en el Hexágono se ignora el menor contexto de lo que significa una guerra civil, no se sufre con toma de rehenes alguna, menos aún con siembra de minas antipersonales, con excepción de los obuses de la primera guerra mundial (1914-1918) que ocasionalmente son descubiertos en las llanuras del norte del país o cuando explotan al ser manipulados por alguien demasiado curioso.

En Colombia, las personas de las clases favorecidas son siempre bautizadas sin distingo como doctor o doctora. Entonces cuando la "doctora Íngrid" decide seguir adelante por un camino lleno de minas, nadie se atreve a detenerla.

El suelo de Colombia está atiborrado con cien mil de estas minas, que matan gente todos los días. Se trata de un triste récord mundial. Estas minas produjeron 683 víctimas fatales en el 2003, después de haber causado 230 en el 2002 y 261 en 2001, sin contar los miles de heridos con sus extremidades violentamente arrancadas por la explosión.

Según la campaña colombiana contra las minas antipersonales, armas no convencionales prohibidas por la legislación internacional, al menos 537 de los 1.100 municipios y 26 de los 32 departamentos del país son afectados por este fenómeno.

Colombia había prometido eliminar todo tipo de minas antipersonales antes del 1º de marzo del 2005, objetivo que no pudo ser alcanzado. Es una apuesta imposible, según todos los especialistas.

Hay un francés que conoce mejor que nadie este drama. Vive en el país andino hace más de 20 años, en Santa Marta, al borde del mar Caribe, allí donde el Libertador Simón Bolívar murió abandonado por todos en 1830.

Con una pierna amputada después de una operación, Jean-Charles Derien, excampeón del mundo de salto alto para minusválidos con un registro de 1,83 metros, consagra su vida, a la cabeza de una ONG, a conseguir financiación para adquirir prótesis. Ha conseguido incluso obtener las de los minusválidos muertos en Francia que ya no las necesitan.

Íngrid no podía ignorar el alcance de los riesgos en que incurría. "Se lanzó de cabeza en la boca del lobo", no cesan de repetir también todos los colombianos a quienes he interrogado sobre el asunto, lamentando, claro está, el saberla prisionera en las garras de la guerrilla.

Todos los policías, militares y agentes de los servicios secretos con quienes pude conversar, se indignan ante la sugerencia de una posible falla de parte de ellos. "Ella había sido advertida, pero desobedeció nuestras instrucciones", repiten sin ser escuchados frente a la marea que, en una sola dirección, ha inundado Francia y otras regiones con el refrán de "Pobre Íngrid, olvidada por los colombianos". Adair Lamprea, conductor de la Nissan, no recuerda el documento firmado, pero me reconoció en noviembre de 2005 que Íngrid les había contestado a los militares: "Seguiré adelante de cualquier manera", tras haber sido informada de la "orden del presidente Andrés Pastrana de no permitirle el paso a San Vicente". Según Adair, los oficiales del DAS y de la policía le gritaron a todo pulmón en el momento en que partía: "Va por su cuenta, ¡es peligroso!".

La prueba de esos riesgos se les presenta, dos horas después de su partida, a los cinco ocupantes del 4 x 4 azul en camino a San Vicente. "Aquí el drama comienza", recuerda Alain Keler como si fuera ayer.

Mis agregados y comentarios están siempre entre paréntesis, así como los testimonios complementarios de Adair Lamprea. He aquí el testimonio del fotógrafo:

Tras la salida de Florencia, los vehículos se hicieron cada vez más escasos. Yo había decidido acompañar a Íngrid a pesar de los riesgos en que incurría, pues estoy acostumbrado a cubrir conflictos armados, como la guerra de El Salvador en 1980. Nos cruzamos entonces con un vehículo de periodistas de Reuters TV (un canal británico), y nos cuentan que un retén de las FARC los acaba de obligar a regresar.

Íngrid no duda un segundo. "Seguimos", le ordena a Adair. Ningún otro vehículo está a nuestra vista. No experimento realmente ningún miedo. Nos detenemos para llenar el tanque en una de las escasas bombas de gasolina abiertas. Es allí donde tomaré, sin saberlo, la última foto de Íngrid en la ventana del 4 x 4, con el vidrio abierto. En esta imagen se ve preocupada ¿Presiente acaso los avatares de su destino? La carretera tiene cada vez más baches, algunos de ellos de un tamaño enorme. Adair conduce demasiado rápido para mi gusto. Como no hablo español, le digo a Íngrid que lo invite a reducir la velocidad, pues temo la existencia de minas. Los minutos siguientes me darán la razón.

Un río corta la carretera. Un atentado reciente ha hecho saltar el puente. Un puente provisional de madera ha sido instalado a las carreras. Adair prefiere vadear el curso de agua, avanzando metro por metro. Al llegar a la otra orilla, nos encontramos de frente con el retén de las FARC que nos habían anunciado los colegas ingleses. Apenas avanzamos un poco, cuando nos cruzamos con un vehículo del Comité Internacional de la Cruz Roja (CICR), con sede en Ginebra. De seguro también fue devuelto por los guerrilleros. Ninguno de nosotros abre la boca cuando el otro vehículo pasa por nuestro lado. En ese instante, nadie nos amenaza; de lo contrario, habríamos alertado a los dos hombres de la Cruz Roja a bordo del vehículo[36].

Uno de los guerrilleros nos invita a dar media vuelta y regresar a Florencia (este elemento es fundamental; en su testimonio, Adair Lamprea confirma esta versión: "Devuélvanse", gritó el guerrillero, según su testimonio).

Este rebelde parece realmente simpático.

Una vez más, Íngrid se niega a obedecer, aunque en este caso es la guerrilla la que la invita a regresar.

Un largo ascenso se presenta ante nosotros en medio de la densa selva tropical. En lo alto de la colina, un bus está atravesado en la carretera, con una pancarta colgada en el costado: "Bus bomba". Tomo algunas fotos. Nos detenemos. Han transcurrido 50 minutos más o menos desde nuestra salida de Florencia. Estamos entre Montañitas y Paujil. Un cordón de cuatro guerrilleros, armados hasta los dientes, cierra de pronto la carretera y detiene nuestro vehículo a una veintena de metros del bus. "¡No se muevan! Y sobre todo, ¡no bajen del vehículo!", ordena el jefe del comando rebelde. Una pequeña niña trata de pasar en un ciclomotor, pero el jefe del comando la detiene. Ella insiste en que tiene que llegar a Doncello, una población cercana. El guerrillero se molesta y al final la deja seguir, pero a pie, sin la ayuda de su motorizado. Estamos a punto de asistir a una escena alucinante: a pesar de que nos encontramos a un paso del bus bomba, evidentemente desocupado, el rebelde toma un galón de gasolina, riega el ciclomo-

---

36. El CICR es reconocido por el apoyo que presta a las víctimas de las guerras civiles en las cuatro esquinas del mundo. Es conveniente aquí hacer un homenaje al sólido trabajo humano que realizan sus miembros. Ninguna de las múltiples operaciones efectuadas en Colombia y en decenas de países víctimas de la violencia, para rescatar a los heridos o a los secuestrados en las zonas de conflicto armado, se ha llevado a cabo sin la garantía que representa esta organización frente a las partes en conflicto. Al momento de publicar esta investigación, el CICR fue llamado (en diciembre de 2005) para estar presente en las eventuales negociaciones que se produjeran entre las FARC y el gobierno con el apoyo de tres países: Francia, España y Suiza.

tor y le prende fuego. Comenzamos a preguntarnos si el calor de la llamarada no hará estallar el bus.

El mismo guerrillero se acerca a nuestro carro. "¿Usted es Íngrid Betancourt?", le pregunta con cara de pocos amigos[37]. Una violenta explosión interrumpe la charla y sacude nuestro vehículo. Siento la onda expansiva en la piel. ¡Uno de los hombres del comando rebelde acaba de pisar una mina antipersonal! Se había alejado por la zanja lateral para cumplir con una necesidad apremiante. La mitad de su pierna derecha le fue arrancada por la explosión y hay un gigantesco charco de sangre. El joven guerrillero trastabilla sobre la carretera, y termina por caer lentamente como en una secuencia de película en cámara lenta. "¡Hay que llevarlo a un hospital!", exclama Íngrid. El jefe rebelde la obliga a callarse. El herido, agonizante, es encaramado en nuestra camioneta. Algún día sabré si sobrevivió al torniquete improvisado por sus compañeros.

("¡La guerra es una mierda!", exclamó entonces Íngrid, citada por Adair Lamprea. Cree que todavía puede salir bien librada gracias a su nombre. Y resulta que es justamente su nombre el que la condena).

Esta vez, el comandante del grupo da apenas crédito a sus ojos cuando descubre la importancia del personaje que tiene entre manos. Antes que ocuparse de su compañero a punto de morir, no para de gritar por su radioteléfono de onda corta. Trata de entrar en contacto con su jefe, que debe estar en lo alto de la cordillera o quizás más al sur, al borde del Putumayo.

A partir de entonces, en la Nissan, todos comprendimos en qué clase de aprieto nos encontrábamos. Los tres guerrilleros indemnes arrancan las banderas blancas, así como los letreros de Prensa Internacional y Oxígeno. Uno de ellos se instala sobre la platafor-

---

37. Si las FARC hubieran tenido la intención de secuestrar a Íngrid en Bogotá, habrían podido seguirla pero no habrían podido concretar nada. Ella disponía de al menos cuatro guardaespaldas: dos a la entrada de su lujosa casa, en el norte, y dos a bordo de su propia 4 x 4, como yo mismo pude confirmar cuando ella me invitó para darme una copia de su libro en el 2001. Una escolta como ésta detendría todo intento de secuestro en la capital.

ma con el herido mientras los dos otros, entre ellos el jefe, se sientan en la banca detrás de nosotros. "¡Su camioneta es un vehículo del DAS!", exclama uno de los guerrilleros. Es claro que sabían bastante sobre nosotros.

Le ordenan entonces a Adair arrancar bajo la amenaza de sus armas. "Creo que nos van a retener", me susurra Íngrid.

El miedo, la fatiga, el fatalismo, o todo esto al tiempo, nos silenciaron, ya conscientes de nuestra detención de hecho por parte de las FARC. Sobre el platón de nuestra camioneta, el herido grita del dolor. Los guerrilleros no tenían siquiera morfina para darle. Todavía escucho sus gritos cuando tengo pesadillas.

(Fabián Ramírez, poderoso jefe de la guerrilla en el sur, de seguro ya fue contactado por radio, y debe haber dado la orden de transferirlos a un lugar alejado).

Los mensajes crepitan en los intercomunicadores de nuestros captores. Retomamos nuestra ruta en la Nissan, a paso lento. El primer obstáculo es el bus bomba inmovilizado y atravesado en la carretera. Adair tendrá que demostrar todos sus conocimientos al volante para esquivar este explosivo ambulante, sin caer en la zanja lateral, ni pisar una de las minas plantadas por las FARC antes de su huida el 20 de febrero. Una vez salidos del enredo, al menos por esta vez, rodamos durante una hora.

(Lo que ignora Alain Keler es el drama del que acaba de escapar. Adair Lamprea aún está al volante. Me cuenta esos instantes dramáticos: "¡Siga derecho!", le ordena uno de los rebeldes; 150 metros más adelante, el chofer divisa la cabeza de una mina en medio de la carretera. "¡Mire! ¿Para dónde cojo?", grita. Los guerrilleros no le contestan. Su velocidad es de 80 km/h. La catástrofe está cerca.

"¡Gire a la izquierda!", ordena un rebelde. Adair suda aún, más de tres años después, con el solo recuerdo de este momento: "Cuando giré el volante, ¡pasamos a unos pocos centímetros de la mina!").

Alain Keler retoma el relato:

De pronto, dos camionetas llenas de rebeldes salen a nuestro encuentro. El comandante (Faiber, conocido como El Mocho, según Adair Lamprea) salta de uno de los vehículos, e imparte órdenes rápidas.

Hace subir a Íngrid en una de sus camionetas y a Claraleti en la otra. Los demás nos quedamos en la Nissan. No volveremos a ver nunca a las dos mujeres (salvo en los dos videocasetes que difundirán las FARC como prueba de supervivencia en agosto de 2002 y luego en agosto de 2003).

Desde uno de los vehículos, una mano pequeña nos hace una señal discreta a manera de despedida. Creo que era Claraleti. No fue posible para mí fijar esos instantes con la cámara. El comando de las FARC nos había incautado desde un principio los celulares, así como la cámara de Mauricio, pero habían permitido que yo siguiera en posesión de mi cámara fotográfica. No quise entonces arriesgarme a tomar fotos, por miedo a que me quitaran el rollo con las últimas imágenes de Íngrid. Al dejarme ir, creo que pensaron en convertirme en testigo, con todo y mi material. En nuestra Nissan nos acompañan ahora ocho guerrilleros, entre ellos el herido, que sigue gimiendo sobre la plataforma, y nosotros tres, Adair, Mauricio y yo. Uno de los rebeldes tomó el volante, ya que Adair se negó a seguir manejando ("Yo conducía para la candidata Íngrid y para nadie más", les dijo, según su testimonio).

Arrinconado sobre la banca de atrás, entre los uniformes caqui, tengo problemas para respirar. Me veo en la necesidad de apartar con el brazo, con sumo cuidado, el cañón de una ametralladora que lleva uno de los rebeldes en el asiento delantero, para no tenerlo en medio de mi rostro. Uno de los guerrilleros pone entonces música y sube al máximo el volumen del radio. ¡Sonaba una salsa endiablada! De seguro se intentaba cubrir con la música los gritos del herido.

Dos horas de camino se suceden entonces en este alboroto. Llegamos a un caserío. Nos obligan a bajar y bajan nuestras maletas. La mía está llena de sangre. Es sangre del herido. Nos hacen entrar a una pequeña granja. Allí nos dan por fin algo de beber, una gaseosa fría, y algo de comer, pescado con arroz. En medio de tantas emociones fuertes, no éramos conscientes de que habíamos dejado de comer y de beber durante tantas horas. Ninguno de nosotros había expresado reclamo al respecto.

Durante esta pausa, uno de los guerrilleros se llevó el herido en nuestra camioneta y volvió horas más tarde en la Nissan sin la víctima de la mina.

¡Quedan ustedes en libertad, pero en ningún caso deben revelar dónde han estado", nos amenaza. Todos respetamos esta advertencia. Ahora, liberado de mis miedos, soy capaz de evocar la belleza de los paisajes, con esos árboles inmensos, y un río escondido más abajo. Me haría feliz volver hoy para tomar unas fotos.

Acompañados por algunos rebeldes, caminamos por los senderos de la selva durante toda la noche. Al pasar cerca de algunas poblaciones, escuchábamos el eco de bailes campesinos. La salsa tronaba por doquier. Alcancé a ver parejas bailando, e incluso aglomeraciones alrededor de peleas de gallos. Tuvimos que atravesar varios retenes de las FARC antes de llegar al amanecer a una población. Allí pudimos devorar una *omelette*. Luego nos abandonaron en una plaza. Un taxi estaba allí parqueado. Nuestra odisea llegaba a su fin.

El vehículo nos condujo entonces a Florencia. Un retén militar se presenta. Adair les cuenta a los soldados que Íngrid estaba con nosotros, pero que ha sido secuestrada. Los militares nos llevan inmediatamente al Batallón Liborio Mejía, cerca de Florencia, donde habíamos estado la víspera por la mañana. Allí repetimos el desayuno, y en mi caso, me doy una buena ducha. Daniel Parfait, embajador de Francia en Bogotá, me telefonea. Le relato toda la historia, hasta los más mínimos detalles. El teléfono móvil del comandante del batallón no deja de sonar. Tengo a la AFP de Bogotá al otro lado de la línea y luego a mi esposa, que ha logrado localizarme desde París. La periodista de *Marie-Claire*, Marianne Mairesse, y los dos guardaespaldas de Íngrid vienen a nuestro encuentro y se enteran también del secuestro de Íngrid. Un suboficial nos llama entonces a Mauricio, a Adair y a mí. Los servicios de inteligencia militar quieren interrogarnos a fondo y hacernos relatar las peripecias que vivimos hasta el menor detalle, para tratar de saber quiénes nos tenían y dónde. Nos interrogan por separado.

En ese instante, debo decirlo, yo no me sentía para nada seguro. Estos hombres tenían una facha siniestra, peor que la de los guerrilleros de las FARC. Si hubiese estado cara a cara frente a ellos, solo, en un rincón perdido, habría tenido verdadero miedo. Una vez terminada mi declaración, el ejército nos llevó de regreso al aeropuerto de Florencia, donde tomamos un avión con destino a Bogotá.

En el aeropuerto de Eldorado de la capital, una nube de periodistas nos espera. Los micrófonos se extienden. "Íngrid se lanzó de cabeza en la boca del lobo", fue mi primera declaración ante los medios, y sigue siendo esa mi conclusión hoy en día.

Un carro de la cancillería francesa nos espera a la salida del aeropuerto y nos lleva a la residencia de la embajada de Francia. Allí sólo hay diplomáticos franceses que rodean al embajador Daniel Parfait, pero también encuentro a la hermana de Íngrid, Astrid.

Me cuesta trabajo ocultar mi sorpresa. Ni el esposo de la rehén, Juan Carlos Lecompte, ni la madre de Íngrid, Yolanda, están presentes; los diplomáticos nos bombardean con preguntas. Finalmente nos ofrecen algo de tomar, y yo pido una copa de vino tinto. Fue lo único que me ofrecieron. Marianne relata por qué no continuó con nosotros: "Fue una especie de premonición", dice, antes de evocar los riesgos tomados por Íngrid, según sus propias palabras. Astrid revira a causa de este planteamiento, que la hermana de la secuestrada cuestiona. En mi caso, hago un relato similar, pero sólo al embajador.

Me prestan entonces el conmutador de la residencia para que pueda llamar a mi esposa en París y luego Marianne telefonea a su novio en Francia. Se acerca entonces un diplomático y nos pide abreviar nuestras charlas, pues el embajador espera una llamada importante. El carro de la embajada nos lleva de regreso al hotel. Estaremos allí durante tres días a la espera de nuestro vuelo de regreso a París. A la mañana siguiente me dirijo a la sede del partido

Oxígeno, y allí, después de todos nuestros enredos con la guerrilla, me gano una insultada, en inglés, ¡del marido de Íngrid!

"I didn't like what you said yesterday to the French ambassador (No me gustó lo que le dijo ayer al embajador de Francia)", me reclama.

"It is what I think (Eso es lo que pienso)", le respondo.

Encontré este reclamo difícil de digerir.

Regresé a mi hotel en Bogotá, y en ese momento me encuentro, en el canal TV5, con un viejo reportaje dedicado a Íngrid en la emisión *Des racines et des ailes*. Comentaba allí la toma de rehenes en grupo por la guerrilla, bautizadas "pescas milagrosas", antes de calificarse como "pez gordo". A esas alturas del programa, no pude más que saltar en el aire. Fue entonces cuando comprendí todo: Íngrid sabía lo que hacía el 23 de febrero, no ignoraba que corría el riesgo de ser secuestrada, todo ello con el convencimiento de que sería liberada antes de una semana.

Insisto sobre un punto fundamental: ella no merece estar secuestrada. Ni siquiera un día, pero cuando menos quiso ignorar el peligro y algo hizo clic en su cabeza. Cuando sea liberada, escribirá un libro que de seguro se convertirá en un *best-seller* en Francia.

Otro choque me esperaba antes de mi regreso a Francia desde Bogotá: durante todo este lapso de tiempo, no recibimos una sola llamada de la embajada, ningún vehículo diplomático nos condujo al aeropuerto. Marianne y yo tomamos el avión de Air France y Adair y Mauricio se quedaron en Colombia, sin que ningún diplomático interviniese para facilitar nuestros trámites...

Estas confidencias fueron pronunciadas tres años después de los eventos por Alain Keler. Afectado aún, las sopesó, las midió, las revisó, consciente de su gravedad, y decidido a decir la verdad aun si ésta le hace daño a alguien.

Adair Lamprea, el director de logística del partido Oxígeno y conductor de la Nissan el 23 de febrero, no llega a la misma conclusión y se plantea siempre otro interrogante: "¿Por qué el DAS le facilitó una camioneta a Íngrid si el helicóptero le había sido negado?".

V

Un embajador perfecto para Betancourt

Hasta aquí la odisea trágica de Íngrid no es diferente, en medio del horror, del drama vivido cada año por cerca de 3.000 colombianos secuestrados por las FARC, el ELN o las AUC. Este número ha sido reducido a la tercera parte entre 2002 y 2005, durante el mandato de Álvaro Uribe. Incluso delincuentes comunes no dudan en ponerse manos a la obra para secuestrar inocentes y revenderlos a los grupos armados, y obtener dinero contante y sonante.

Pero una diferencia significativa separa a los demás rehenes de la candidata del partido Oxígeno para las presidenciales, desde que está prisionera en una selva espesa y húmeda, en el corazón de la Amazonia de Colombia: sus conexiones y las de su familia con Francia. Hay que tener en cuenta este detalle, para comprender el fenómeno Betancourt. Íngrid se divorció en 1990 de su primer esposo, Fabrice Delloye, diplomático de los servicios comerciales franceses adjuntos al Quai d'Orsay hasta su despido en 2004, al término de una crisis diplomática sobre la que volveremos más adelante. Como colombiana, pudo ser candidata a las presidenciales de su país en el 2002. Su matrimonio, aun después de disuelto, le otorgó un pasaporte francés que ella conservó, como ya lo hemos visto.

Después de que su autobiografía la pusiera en órbita en el Hexágono, el embajador de Francia en Bogotá, Daniel Parfait, se encargó de convertirla en una estrella para todo el planeta, con la ayuda de "Dominique" en París.

A los 54 años, "Daniel", así como lo llama Astrid Betancourt, vivía en la suntuosa villa que le sirve de residencia, rodeada de muros rematados con alambradas concertina y protegida por guardias armados hasta los dientes.

Seductor a pesar de su baja estatura, el cabello corto y grisáceo, sería fácil olvidar su erudición de tecnócrata de la Escuela Nacional de Administración (ENA) de París, un poco impostada, con un barniz de afectación, si no hubiese decidido consagrar su elocuencia casi de manera exclusiva al asunto Betancourt desde el anuncio del secuestro de Íngrid.

Cuando asumió sus funciones en octubre de 2000 en Bogotá para suceder a Guy Azaïs, un eminente montador de alazanes, el nuevo embajador aterriza solo. Su esposa, Nicole Parfait, profesora de filosofía, dirige el Instituto Francés de Sarrebrück, cerca de Hamburgo, en Alemania, y está a cargo de sus tres muchachos (dos hijas y un hijo).

Sumergido en exclusiva hasta entonces en los *dossiers* en contra de la proliferación nuclear en el Quai d'Orsay, sufre un verdadero *shock* al llegar a Colombia, como todos los extranjeros, ante el cortejo sin fin de mujeres hermosas. Uno de sus colaboradores saldrá también de Colombia con una joven local después de su divorcio.

"Daniel" había sufrido ya, en 1992, en la India, otro *shock* como resultado "de una reflexión filosófica sobre la capacidad de mentir del ser humano", según sus propios comentarios publicados en la edición dominical del diario *El Tiempo* del 28 de marzo del 2004. "Llegué a la India para una inspección nuclear en 1992. En el mismo momento en que un experto indio me explicaba la razón por la cual nunca había habido ensayos nucleares en su país, una explosión de este tipo tenía lugar". El manual del perfecto diplomático a punto de partir para Colombia debería incluir, en beneficio de la esposa, una alerta subrayada con rojo sobre los peligros de dejar demasiado tiempo solo al marido, en esta feria exposición de hermosuras en falda...

"Daniel" no sabe ya para dónde mirar, aun si su apetito por economizar los denarios del Estado lo persuade de no multiplicar las recepciones en su residencia de la embajada para ampliar el círculo de sus conocidas. Su agente de mudanzas en Bogotá evocará delante de mí su encuentro con este diplomático, que según él pone mala cara a la hora de pagar sus deudas, en particular por un sombrío asunto de baldosas, del que me relató los más picantes detalles.

Al abandonar Bogotá, a mediados de 2004, Daniel Parfait hará embarcar cuatro toneladas y media de estas baldosas, destinadas a su residencia en Tarascon-sur-Ariège, en el menaje de un gendarme cuya identidad mantendremos en reserva. Este mismo funcionario hará al respecto un informe, que duerme en los cajones de la Dirección Nacional de la Gendarmería, según una fuente próxima a la DST (Dirección de Vigilancia del Territorio). La embajada francesa en Bogotá está desde entonces "feliz", agrega este mismo agente de mudanzas, por su salida definitiva de Colombia. Durante su estadía en el país, cuando su vehículo blindado llega a un peaje, Daniel Parfait comienza a transpirar, a toser, y termina luego por pedirles a sus guardaespaldas que paguen el peaje, tal y como algunos de ellos lo recuerdan. En ocasiones, según ellos, olvida reembolsarles el dinero.

De sus estudios de filosofía "Daniel" no conservó el sentido de la duda, aún menos el de la humildad estoica, y por el contrario adquirió un tono altanero, pretencioso y arrogante. Estas particularidades no mejoran cuando uno se gradúa, como él, del ENA.

Amiga de vieja data de todos los diplomáticos franceses de la embajada, Astrid, nacida un año antes que Íngrid, no dudó un instante ante esta nueva oportunidad de profundizar sus conocimientos y de engordar su libreta de direcciones.

Si bien carece de medios para seducir, con su sonrisa congelada en el rincón de sus labios apretados, ella hace gala de un indiscutible don de gentes bajo sus mechones ensortijados. Al igual que su hermana, habla un francés perfecto desde su educación en París, cuando su padre cumplía sus funciones de embajador y luego de director en la Unesco.

Cuando finalmente Nicole Parfait desembarcó en Bogotá, en septiembre de 2001, tenía ya una rival de peso en la persona de Astrid.

La hermana de Íngrid, especialista en inversiones financieras según su propia presentación, tiene agallas; para la época está dedicada a caerles a los ejecutivos extranjeros residentes en Colombia con la idea de que inviertan sus ahorros. Insistirá tanto que la recibo una mañana en mi oficina de la carrera 13, con uno de sus asociados. Astrid intenta atraerme con "jugosos intereses sin riesgo alguno" en los paraísos fiscales, para tratar de agregar mi nombre a su lista de clientes.

Divorciada, Astrid es la madre de dos hijos: Anastasia, de nueve años, y Stanislas, de siete.

Ella también cuenta con un pasaporte francés, gracias a un segundo matrimonio contraído con un francés en la embajada en Bogotá, delante de Daniel Parfait. El esposo vino de las Antillas francesas para la ocasión, antes de regresar a su lugar de residencia.

Astrid convertirá a la escolta del embajador francés en Bogotá en equipo de niñeras. "Estoy hasta la coronilla de hacer de nana", se quejará un día uno de sus guardaespaldas, cuyo comentario rabioso me fue relatado por un consejero de la cancillería.

El oficial, cuyo nombre mantendremos en reserva, terminó por aburrirse de andar pendiente de la protección en nombre de los intereses de Francia, y por cuenta del presupuesto del Estado, a los dos hijos de Astrid.

Una vez que Nicole Parfait se ausentó de Colombia, los lazos entre el embajador y Astrid se hicieron más fuertes. Tímida, menuda, sus cabellos rojizos y cortos permiten que resalten en su rostro dos puntos de interrogación en la mirada de esta esposa invadida de tristeza. Bautizada como la "embajadora filósofa" por el semanario colombiano *Cromos*, Nicole Parfait aboga por el cartesianismo, en la única entrevista que concedió a Colombia, publicada en la edición del 30 de junio de 2003 por esta revista.

En ella explica su misión, y reivindica de golpe el "poco espacio" que le queda para los cocteles. En una edificación anexa a la embajada, acaba de crear la Oficina Regional de las Ciencias Humanas y Sociales, para el conjunto de la región andina. La embajadora organiza seminarios, anima la cooperación entre profesores y no deja de escribir.

Su esposo se multiplica en las recepciones de todo tipo para aparecer en esta revista, pero también en todas las demás publicaciones del *jet-set*, en fotos, con la misma sonrisa. Llegó incluso a suscribir a *Cromos* a todos los servicios de la embajada en Bogotá, para que nadie se perdiera los reportajes ni las fotos, según me confió uno de sus principales consejeros.

En una de las fotos de la época, aparece al lado de Astrid, con ocasión del lanzamiento del perfume Irresistible, de la casa Givenchy.

Astrid no se plantea cuestiones metafísicas y desembarca cuando así lo desea y de improviso en las oficinas de la embajada. Los niños corren entonces a darle un beso a quien conocen ya con el nombre de "papi", bajo la mirada incómoda y avergonzada de los diplomáticos franceses. Éstos no dejan de notar las fallas de protocolo en las comidas y recepciones. En varias ocasiones, me confesaron su molestia ante semejante estado de cosas.

La complicidad entre ambos se hace mucho más conocida en una ciudad ávida de chismorreo, cuando Íngrid es secuestrada. En Bogotá, la mínima violación a las leyes del matrimonio rara vez permanece en secreto. Los chismes y murmullos permiten olvidar los horrores de la guerra civil.

El secuestro de Íngrid, conocido en la noche del 23 de febrero, provoca un profundo *shock* en la embajada de Francia, por la inocultable cercanía de su familia con la cancillería francesa. "Daniel" no ahorrará palabras en sus declaraciones públicas, ante la televisión y la radio, para hacerles un llamado a la clemencia a los guerrilleros, suplicar al gobierno colombiano para que proceda a un intercambio de prisioneros.

Nadie tendría derecho de reclamarle a este diplomático por salir de cacería fuera de su hogar si su amistad con Astrid no constituyera, según sus amigos diplomáticos y el gobierno colombiano, un conflicto de intereses de marca mayor.

Otra franco-colombiana, a imagen de Íngrid, está en la época igualmente en manos de rebeldes, pero nadie escucha hablar de ella. Se trata de Aïda Duvaltier, secuestrada por la guerrilla desde... el 21 de abril de 2001, ¡casi un año antes que Íngrid! Ya sabemos que murió en su cautiverio a principios del 2006. Tenía 71 años.

En ningún momento, durante sus cuatro años de funciones, el embajador se pronunciará en público para pedir la liberación de esta mujer. El Quai d'Orsay no emitirá ningún comunicado oficial al respecto ¡hasta julio de 2004! Durante ese mismo 2004, cuando llamé a la cancillería francesa en Bogotá para indagar sobre su caso, ningún funcionario estuvo en capacidad de darme ninguna información sobre ella. "Pensamos que está muerta", se contentaban con decirme. Después de investigar, fue posible establecer que Aïda Duvaltier había sido secuestrada en 2001 en su propiedad, cerca de Cali, por el EPL (Ejército Popular de Liberación), un grupúsculo maoísta. Se supo hace poco que había exigido sustituir como rehén a su marido, Jean-Marie, quien padecía de una enfermedad. La descomunal injusticia de esta diferencia de trato aparece de lleno con la visita a Bogotá, el 8 de agosto de 2002, de Renaud Muselier, secretario de Estado francés para las relaciones exteriores. Con su sabroso acento del sur de Francia, este médico de Marsella se gana inmediatamente la simpatía de la comunidad francesa reunida ese día en la embajada.

"Yo no soy diplomático, así que no se molesten si no les hablo con lenguaje formal y elegancia", declara con una calurosa sonrisa, ya repuesto de sus emociones. La víspera, ha sido testigo de la toma de posesión bajo las bombas del presidente Álvaro Uribe. Uno de los catorce rockets lanzados por las FARC durante la ceremonia cae en el palacio y destroza una cornisa. La serie de atentados causa 22 muertos y 200 heridos en la capital, la mayoría de ellos en el miserable sector del Cartucho, un antro de venta y consumo de cocaína y basuco, el *crack* colombiano.

En su arranque de franqueza, el alegre secretario de Estado cometerá un doble desliz y hará una confesión de importancia sobre la política francesa, ya apuntalada por Dominique de Villepin y Daniel Parfait... Durante su conferencia de prensa, ofrecida en la embajada, acepta de entrada la presencia en primera fila de Yolanda Pulecio y de Astrid Betancourt, en un recinto normalmente reservado a los periodistas; luego se lanza al agua, lee un texto y patina: "Ustedes saben que quedan aún dos importantes francesas, dos franco-colombianas para ser más exactos, mantenidas como rehenes: madame Aïda Duvaltier, de quien nada sabemos, madame Íngrid Betancourt, cuya situación es bien conocida. Acabo de desayunar con miembros de su familia, a quienes he reiterado la preocupación y la viva emoción que nos inspira su situación".

Una vez que ha tomado impulso, se sale del libreto, rinde "homenaje a la dignidad, a la responsabilidad de la familia Betancourt", y para terminar declara "desear una solución humanitaria a nivel internacional".

El mensaje es claro. Francia tiene dos secuestradas en Colombia pero sólo se interesa por una. La familia Duvaltier no será invitada al almuerzo.

El libreto se repetirá de manera idéntica el 29 de noviembre siguiente, cuando los únicos comensales invitados a la misma mesa de la residencia de la embajada, al lado de Daniel Parfait y el ministro Villepin, sean de la familia Betancourt, incluidos los dos parientes políticos (Fabrice Deloye y Juan Carlos Lecompte).

El secretario de Estado apenas menciona, de nuevo, en un breve inciso, "la emoción y la solidaridad" (de París) que despierta el conjunto de secuestrados", sin proponer nada para encontrar una salida a este entuerto.

Todos los yerros futuros de la diplomacia francesa están contenidos en estas declaraciones. A partir de entonces, y sin descanso, el Quai d'Orsay y su embajador en Bogotá pregonarán una y otra vez la misma petición, en tono cada vez más fuerte, hasta el punto de transformarla en exigencia de hecho: un acuerdo humanitario sobre un intercambio de prisioneros entre el gobierno y la guerrilla, sin mencionar jamás a Aïda Duvaltier.

En el caso de Íngrid, todo es bien diferente. Con Daniel y Astrid, el martilleo será constante, nada lo detendrá. El asunto Betancourt se convertirá entonces en la única preocupación del jefe de misión. Uno por uno los diplomáticos de la embajada, al principio de manera discreta, como corresponde a sus funciones, terminan por hablar y confiar su desazón —léase su furia— sobre este "escándalo enorme", según sus propios adjetivos.

Un día —me contará un testigo del más alto nivel—, los miembros de la familia Betancourt aterrizarán en el despacho de Daniel Parfait, en el sexto piso, y leerán en la pantalla del computador un mensaje diplomático que está a punto de ser codificado para enviar al Quai d'Orsay. El diplomático de carrera que me lo contó aún no se ha recuperado del impacto.

Si Nicole Parfait cometió de pronto el error de dejar suelto a su marido, hay circunstancias que la excusan. Sufre por aquellos días de una grave enfermedad y debe presentarse regularmente en Francia ante sus médicos. Los rumores cada vez más fuertes sobre los lazos entre Astrid y el embajador terminan por llegar a oídos de uno de los hijos de la familia Parfait, de vacaciones en Bogotá. Es en este momento cuando la historia bordea el drama, teniendo en cuenta el creciente impacto del asunto Betancourt en Francia. Una noche de rumba, el joven divisa a Astrid a la entrada de Mister Babilla, en plena zona rosa de la capital, un bar donde es posible bailar la champeta, el ritmo salido de los barrios pobres de Cartagena, sobre la costa caribe. En un acto de desespero, el muchacho le roba su revólver a uno de sus guardaespaldas. "Voy a matar a esta...", exclama antes de ser desarmado y tranquilizado.

Esta espiral de rencor termina con la partida definitiva a Francia de Nicole y de sus hijos en 2003. A partir de entonces, Daniel redoblará sus esfuerzos para obtener la liberación de la secuestrada. Astrid Betancourt se convertirá, de hecho, en la primera dama de la embajada en Bogotá. En la radio colombiana hablará de Daniel, en febrero de 2006, como su "esposo".

En su combate conjunto por la liberación de Íngrid, Daniel Parfait va a gozar del apoyo total y permanente de Dominique de Villepin, primero desde el Quai d'Orsay y luego en el marco de sus nuevas funciones como primer ministro, en un relevo permanente entre el uno y el otro frente a la opinión pública. En el horizonte, una crisis sin precedentes se perfila en las relaciones entre Francia y Colombia.

VI

Íngrid (+ Dominique + Daniel) = tres mil secuestrados

¿Quién conoce en el Hexágono a los coroneles colombianos Luis Erlindo Mendieta Ovalle y Álvaro Acosta? Absolutamente nadie.

¿Quién ha escuchado hablar de Íngrid Betancourt? ¡Todo el mundo!

Estos dos militares son verdaderos héroes en Colombia. Tres mil secuestrados, quizás cuatro mil (4.200, según las últimas cifras del programa radial *Las voces del secuestro*), viven hoy en día un calvario en Colombia, en campos de concentración, cavernas llenas de cucarachas o simplemente en ratoneras sin luz. Mil noventa de ellos, al menos, están en poder de las FARC, según las últimas cifras reconocidas por este grupo guerrillero en 2005 (¡son 1.900 según las autoridades!). Íngrid pertenece a este cortejo del horror.

Incluso los bebés que no han aprendido a hablar conocen esta degradación. Es el caso de dos niñitas de 18 y 24 meses, secuestradas por las FARC en el año 2000 y finalmente liberadas tras las súplicas de sus madres, planteadas en directo frente a las cámaras de televisión. Vi a esas madres llorarle a Raúl Reyes, que parecía ignorar su drama. Este crimen había sido cometido en momentos en que se suponía que este grupo guerrillero estaba negociando un acuerdo de paz "para una nueva Colombia" con el gobierno, a cambio de la famosa zona desmilitarizada de 42.000 km^2 de que disponían las FARC.

Los padres, traumatizados por esta tragedia, abandonarán Colombia con sus hijas para siempre, cuando las bebés fueron devueltas al seno de su familia, en una operación envuelta en una discreción absoluta tras el pago de un rescate, según fuentes de entero crédito.

Para los admiradores de Íngrid en Francia y en el mundo, muy poco al tanto de la actividad cotidiana de Colombia, la ecuación parece simple, y los "por qué no lo hacen" se multiplican con deleite.

¿No bastaría acaso que el presidente colombiano decretara un intercambio humanitario entre los rehenes de las FARC y los prisioneros rebeldes? ¿No saldría agrandado de ese trance y aclamado en el planeta entero?

En una región presa de una guerra sanguinaria desde tiempo atrás, la solución no es para nada tan simple. Si esta solución "simple" existiese, los colombianos ya la habrían encontrado. Se trata de personas reconocidas por su habilidad en sus negocios, por su destreza, estimados además por su gusto por el trabajo bien hecho y su cultura. Sin olvidar su "malicia indígena", heredada de los aborígenes y los esclavos en una mezcla racial que sobrevino tras la conquista española en el siglo XVI. Los colombianos reivindican todas estas habilidades con deleite.

Si Colombia obtuvo en 2003 un crecimiento económico cercano al 0,4% a pesar de cientos de atentados dinamiteros de la guerrilla, sobre todo de torres eléctricas, de oleoductos y puentes estratégicos, esto está lejos de deberse gracias solamente al comercio de la cocaína.

El tráfico de drogas no tiene que ver con más del 4 o 5% del PIB (de un monto total de 90.000 millones de dólares) y no incide real ni definitivamente en el crecimiento de la economía, estiman muchos especialistas.

Semejante desarrollo a pesar de las explosiones es el resultado del dinamismo de empresarios estimulados a reinvertir sus utilidades por la política de seguridad sin precedentes adoptada por el presidente Álvaro Uribe. El crecimiento debe haber estado por encima del 5% en 2005.

Si el jefe del Estado colombiano se niega a dar vía libre al famoso intercambio entre secuestrados y rebeldes, tan fácil sobre el papel, es porque la guerrilla se lo impide con condiciones previas inaceptables para cualquier poder ejecutivo.

Desde que Álvaro Uribe asumió el poder, en agosto de 2002, las FARC exigen para liberar a Íngrid y una parte de sus rehenes, entre ellos 21 dirigentes políticos, tres espías estadounidenses, 47 militares y 1.090 secuestrados civiles, lo siguiente:

• El otorgamiento de una zona desmilitarizada ya no del tamaño de Suiza, sino del de Inglaterra. De hecho, exigen la neutralización de los departamentos del Putumayo y Caquetá, cuya superficie total es de 115.000 km^2, en la frontera sur, cerca del Ecuador, o sea la décima parte de Colombia. Esta es una de las zonas más ricas en coca, y las FARC, como las AUC, obtienen jugosos beneficios del procesamiento y exportación de cocaína.

• El regreso a las filas rebeldes, una vez liberados, de sus militantes actualmente en prisión, "para que reinicien el combate para la liberación de Colombia".

Imaginemos un instante el dilema que se le plantearía a Jacques Chirac, y a la opinión pública francesa, si se tratara de intercambiar con una exigencia similar al separatista corso Yvan Colonna, presunto asesino del prefecto Claude Érignac el 6 de febrero de 1998 en Ajaccio (Córcega), contra eventuales secuestrados retenidos por los independentistas en la Belle Île.

Los franceses jamás aceptarían ver al presunto asesino volver a la clandestinidad para seguir adelante con sus fechorías. ¿Qué dirían de un despeje de la décima parte de Francia, o sea diez departamentos? Los separatistas corsos no se atreven ni siquiera a intentarlo, a pesar de que les resultaría muy fácil secuestrar a un grupo de funcionarios en Ajaccio, Bastia, o en cualquier otro lugar.

He escrito estas líneas antes de mi entrevista el 24 de octubre del 2005 en París con el embajador de Colombia en Francia, Miguel Gómez Martínez. Sin referirse a este ejemplo corso, y ante el más mínimo comentario, me plantea una pregunta idéntica: "¿Podría Francia aceptar que un grupo de bandidos salieran libres para cometer nuevos crímenes? ¿Estarían dispuestos los franceses a pagar semejante precio?".

Apenas tomó posesión de la presidencia, Álvaro Uribe reveló que tenía dos propósitos que, a pesar de la apariencia, no eran contradictorios: su intención de hacer la guerra a ultranza contra los "terroristas", pero también su disposición de negociar la paz, bajo la égida de la ONU, con los autodenominados rebeldes.

Tres meses más tarde, en noviembre de 2002, el presidente anunció una concesión de importancia de su parte sobre el tema de los secuestrados.

Abandonó dos condiciones previas: la de un cese al fuego y la de la apertura de conversaciones de paz antes de la negociación del intercambio.

No obstante, puso dos condiciones:

• La liberación de todos los rehenes de manos de las FARC, incluidos los civiles.

• El compromiso de los exguerrilleros liberados de no retomar las armas, e incluso su posible emigración "hacia un país amigo, como Francia". Esa apertura sin precedentes me fue comunicada en aquellos días por una alta fuente presidencial.

Mi primicia, publicada un domingo en los cables de la AFP, produjo un eco considerable en Colombia y suscitó una esperanza loca entre las familias de los miles de secuestrados.

A pesar del impacto de mi información, el Palacio del Eliseo en París no dijo esta boca es mía, ni hizo nada por ayudar al jefe del Estado colombiano en estos propósitos.

Los meses se sucederán con la misma letanía oficial en Francia sobre "la necesidad de liberar a Íngrid". Faltó aún mucho tiempo para que yo pudiera comprender en detalle el silencio de París. Francia no estaba en absoluto de acuerdo en esa época con acoger 300 guerrilleros, tal y como se verá más adelante.

La posición de Uribe sobre el acuerdo humanitario para un intercambio de prisioneros es entonces respaldada por el 61% de los colombianos, según un sondeo publicado en marzo del 2004.

Tanto los altos dignatarios del Estado como la gente de la calle en Bogotá se indignan ante la idea de ceder cualquier cosa a los insurgentes si ellos no liberan a todos los secuestrados, sin excepción, de sus prisiones en la selva. Por lo demás, nadie en Colombia duda del regreso inevitable al combate revolucionario de los rebeldes liberados, aun si son enviados a Francia.

Después de los acuerdos europeos de Schengen, ¿quién podrá impedirles a los 300 guerrilleros atravesar en Irún, sobre el Atlántico, o al sur de Perpiñán, frente al Mediterráneo, una frontera que ya no existe, para llegar a España?

Quinientos mil colombianos viven en la península ibérica. Entre ellos hay sólidas redes especializadas en el tráfico de droga, de prostitutas y de papeles falsos, pero también de ayuda a los rebeldes y de "contratos" para el asesinato de personas molestas. En un santiamén, los guerrilleros eventualmente liberados podrían limpiar sus antecedentes con una nueva identidad y volver a Colombia con un pasaporte falso.

El presidente Uribe no es miope. Lo que exige, de acuerdo con todo el país, es un intercambio de todos los prisioneros, sin ignorar los riesgos de su propuesta. Pero las FARC no quieren oír hablar del tema, pues en realidad se niegan a liberar sus tesoros de guerra. A pesar de estos escollos, Uribe continuará, hasta la víspera del final de su mandato en 2006, renovando sus propuestas para el intercambio. Hasta hoy, y para cada una de sus iniciativas, Uribe sólo ha recibido de la guerrilla rechazos automáticos.

El 18 de agosto del 2004, el alto comisionado de paz, Luis Carlos Restrepo, reveló la aceptación por parte del gobierno colombiano de la idea de liberar 50 guerrilleros de las FARC e intercambiarlos por alrededor de 60 políticos y uniformados secuestrados por los rebeldes. Un emisario suizo transmitió esta propuesta a las FARC, el 23 de julio, según explica Restrepo.

Se trata de una nueva concesión de importancia por parte del presidente Uribe. Por primera vez, no exige la liberación de todos los rehenes de las FARC: 1.900 civiles según las cifras del gobierno (1.090 según las FARC). El gobierno mantiene una contrapartida; los 50 rebeldes liberados deberán insertarse en la vida civil y la legalidad, o viajar al exterior.

La guerrilla entendió muy bien el paso dado por el jefe del Estado. Sólo responderán negativamente, el 8 de noviembre siguiente. Cuando las FARC no gustan de una propuesta, lo hacen saber antes de una semana por Internet. Con la evidente intención de mostrar su buena voluntad, Álvaro Uribe otorgó la gracia a 23 guerrilleros detenidos, el 2 de diciembre de 2004. Se trató de una "nueva tentativa para convencer a la guerrilla de aceptar un acuerdo humanitario", precisa entonces Luis Carlos Restrepo.

Un nuevo paso adelante es dado por el presidente colombiano el 8 de septiembre de 2005. Ese día propone a las FARC negociar en una zona del suroeste del país, pero sin retiro de la tropa. Este avance es calificado ocho días más tarde como "inaceptable" por las FARC. Los rebeldes insisten en la desmilitarización de 850 km², alrededor de las cabeceras municipales de Pradera y Florida, cerca de Cali, en el suroeste del país.

En un lance inesperado, en vísperas de la navidad de 2005, cuando Íngrid se dispone a cumplir el 25 de diciembre su aniversario número 44, el cuarto como secuestrada, en la selva, Álvaro Uribe hace un gesto de gran significado ante las cámaras de televisión el 13 de diciembre.

Por primera vez se declara dispuesto a desmilitarizar un territorio colombiano, en este caso una zona de 180 km², en El Retiro, en la misma región del suroeste. Esta neutralización debe permitir la apertura de negociaciones para un acuerdo humanitario entre el gobierno y las FARC, bajo la égida de una comisión tripartita (Francia, España,

Suiza), y con la presencia en la zona del Comité Internacional de la Cruz Roja (CICR).

El 31 de diciembre, la guerrilla aún no había reaccionado a esta propuesta. En el intervalo, una de sus columnas realizó una sanguinaria ofensiva en la zona sur de La Macarena: 29 soldados encontraron la muerte en esta emboscada. Los esfuerzos del gobierno, que incluyen condicionamientos —como en cualquier negociación de este tipo—, no pueden ser negados o considerados de menor cuantía. En la otra orilla, la guerrilla no ha ofrecido como gesto de buena voluntad la liberación de un solo soldado durante los últimos cuatro años y continúa en poder de cerca de 2.000 secuestrados.

A la hora de publicar estas líneas, un baldado de agua fría pone fin a todas las esperanzas de una rápida liberación de los secuestrados: el 2 de enero de 2006, las FARC anuncian su rechazo a cualquier negociación mientras Álvaro Uribe sea presidente de Colombia. Reiterarán su oposición a cualquier acuerdo con el jefe del Estado el 21 de febrero siguiente.

Frente a esta pesadilla permanente, el martilleo de París sólo en torno a Íngrid habrá sido considerado "indecente" por todas las autoridades consultadas en Colombia.

¿Por qué Francia no se dirige también a la guerrilla para exigirle un intercambio equitativo de todos los prisioneros, sin excepción?, no dejan de preguntarme los ministros, los intelectuales y la gente del común. Esta movilización en el extranjero por la colombiana Íngrid Betancourt, francesa por un matrimonio ya disuelto, suscita cada día más irritación y sobre todo ira contenida en este país contradictorio, de cortesía a veces exquisita, ¡donde en ocasiones se dirigen a los mayores en tercera persona! El título del bello ensayo de Stefan Zweig, *Brasil, tierra de promisión*, podría perfectamente aplicarse a Colombia.

Si la intensidad de la guerra civil continúa golpeando de manera cotidiana, con sus 25.000 muertes violentas y sus 3.000 secuestros anuales hasta 2002, esto no impide que las partes conserven un cierto respeto por el otro. En fin, no siempre...

Una broma que escuché en Bogotá habla de guerrilleros y de uno de sus mártires. "Perdónenos, sumercé, pero vamos a vernos obligados a cortarle la cabeza", anuncian con gran deferencia los primeros al segundo, antes de concluir su macabro castigo.

La guerrilla no ha guillotinado al coronel Mendieta, pero lo mantiene separado del resto del planeta desde hace ocho años. Hablé largamente con su esposa y con sus hijos en mayo de 2004, en su apartamento de Bogotá.

Este respetado oficial, que tendría ya hoy por hoy el grado de general, rabia de desespero tras los alambres de púas en algún lugar de las selvas colombianas. ¿Hay alguien que haya oído hablar de este oficial en Francia? ¿Quién recuerda el reportaje que publiqué entonces para la France Presse? ¿Quién lo leyó? ¿Quién lo imprimió en los periódicos franceses?

A la cabeza de sus hombres, el coronel Mendieta había defendido, arma en mano, el cuartel de Mitú, capital del departamento amazónico del Vaupés. Esta región tiene la particularidad de no ofrecer carretera alguna a sus 26.000 habitantes, cerca de la frontera brasileña en el sureste del país, a lo largo y ancho de sus 55.000 km².

Un poderoso comando de las FARC tomó por asalto la población y atacó el cuartel, el 1º de noviembre de 1998, e hizo prisioneros a sus ocupantes, entre ellos al coronel Mendieta.

En sus primeros años de cautiverio, la correspondencia que intercambió con su hija Jenny Estefany, hoy en día de 18 años, emocionaron al país entero. Para este militar, enterarse de que su hija deseaba parecerse a los adolescentes de su edad e incrustarse un *piercing* en la nariz, no resultó fácil de aceptar.

"Tú sabes que esa moda no me gusta, pero mi amor, haz lo que te plazca, aprovecha tu libertad, que tanto valor tiene, para realizar lo que te parezca correcto", le contestó el coronel.

La última foto de familia lo muestra en la solemne primera comunión de su hija, cuando ella tenía once años. En el 2004, comenzó a cursar tercer año de medicina, y su padre, si llegara a ser liberado del infierno verde en que se encuentra, tendría problemas para reconocer a esta joven de largos cabellos castaños con destellos rojizos, que espera su regreso.

"Me llamó de su teléfono móvil el 1º de noviembre de 1998", me contó Jenny Estefany en el pequeño apartamento en donde vive la familia, al norte de Bogotá, a la espera de un regreso inesperado del coronel.

"¡La guerrilla nos está cercando! Ignoro si volveré a verlos, los adoro", alcanzó a decir antes de caer en un silencio de más de siete años.

El hermano mayor de Jenny, José Luis, de 20 años, experimenta grandes dificultades para hablar de su padre. "Tengo miedo de estar hablando de un muerto viviente", explica. Se le han secado las lágrimas para evocar la imagen de su padre, pero ha aprendido una lección de vida, anclada en él para siempre. "Cada día que nace, lo enfrento como si fuera el último", dice en medio de un estoicismo que sólo el infortunio le ha permitido descubrir; su hermana estalla en llanto cuando evoca la fiesta de sus quince años, una verdadera institución para cada mujer adolescente en Latinoamérica.

"Celebramos esa fecha en familia, sin los amigos ni la rumba de costumbre, dedicados a ver y escuchar un casete enviado por mi padre para desearme un feliz cumpleaños", declara con una voz dulce y la vista invadida de tristeza.

Su madre, María Teresa, de 47 años —como el coronel—, se sumerge entre las miles de cartas enviadas por su esposo para recuperar las joyas de una pasión que nunca se ha extinguido entre los dos.

"Yo sé que si él regresa, nada será como antes... su mente estará afectada para siempre... nos hará falta paciencia...", confiesa. Al igual que su hijo, ya no le quedan lágrimas, y ofrece a la vida una minúscula luz de esperanza en el fondo de sus ojos apagados.

La familia Mendieta sólo tiene una obsesión: el síndrome de Estocolmo. "¿Quién puede decirnos que después de tantos años no regresará con la cabeza llena con las tesis de la guerrilla?", se atreve a preguntar José Luis. La familia no recibe una sola carta del coronel desde hace "una eternidad"...

En París, la embajada colombiana albergó, de 2002 a 2004, a un agregado militar venido de muy lejos. No ha hecho su carrera detrás de un escritorio. Su odisea nunca ha alcanzado las primeras páginas de los diarios franceses. Con su cuerpo hecho trizas, el coronel Álvaro Acosta pasó catorce meses en las garras de las FARC desde que su helicóptero fue abatido por los rebeldes cerca de Barragán, en el suroeste de Colombia, el 5 de abril de 2000.

Gravemente herido, incapaz de moverse, les ordenó a los otros tres sobrevivientes del aparato —el copiloto, un técnico y el encargado de la ametralladora— abandonarlo y huir, antes de ser capturado por los rebeldes, *in articulo mortis*.

Veinte años antes había pasado su luna de miel con Nora Alba, madre de su pequeña Daniela, detrás de una barricada, dedicado a contener los ataques de la guerrilla cerca de Medellín, cada uno con un fusil en la mano. Tras caer en las redes de los guerrilleros, este hombre pasará catorce meses como secuestrado, acostado, tullido por el dolor, "sin siquiera poder adivinar el color del cielo bajo la espesura de la vegetación tropical", tal y como lo narrará después de su liberación. Durante su cautiverio, el coronel intentará en tres ocasiones poner fin a sus días, pero siempre sobrevivió. En una ocasión, un sacerdote impidió en el último segundo que cometiera el acto irreparable.

"¿Cuál es el castigo previsto por Dios para los suicidas?", le preguntó al sacerdote, presa del desespero, en desarrollo de una confesión improvisada entre los árboles. Nada se sabe de la respuesta del cura, pero es fácil imaginarla.

"¡Déjenme contemplar la luz de la libertad!", expresó el coronel, con un respirador de oxígeno en la nariz, cuando pudo finalmente encontrarse con su familia el 11 de junio de 2001, en el marco de un intercambio de prisioneros de guerra. Él no creía en nada, cuando escuchó el helicóptero que llegaba para transportarlo, sobre una camilla, para entregarlo al alto comisionado de paz de la época, Camilo Gómez.

Ese día, 300 militares y policías, entre ellos el coronel Acosta, recobraron la libertad, a cambio de la liberación de catorce guerrilleros detenidos en las prisiones colombianas. El acuerdo había sido redactado en persona por Andrés Pastrana, el predecesor de Álvaro Uribe, y Manuel Marulanda, jefe de las FARC.

En esa época, el gobierno y la guerrilla aún fingían realizar negociaciones en el marco del calendario de una agenda de paz de doce puntos para la fundación de una "Colombia nueva", sin creer realmente en ello.

Nunca ese gobierno conservador tuvo la intención de soltar lastre para realizar al menos una mínima reforma a favor de los desposeídos, como lo atestigua el resultado de las negociaciones de entonces. En cuanto a los rebeldes, ¿cómo habrían podido planear reintegrarse un día a la vida civil después de la firma de un simple papel? ¿Acaso cerca de 3.000 de ellos, inscritos en la Unión Patriótica después de haber abandonado la vida de las armas, no fueron abatidos a fines de los años ochenta por haber creído en el regreso a la legalidad?

El intercambio del 12 de junio de 2001 es la única concesión que los guerrilleros hicieron al anterior gobierno, sin otra condición que la presencia de diplomáticos extranjeros durante la ceremonia para evitar cualquier enredo. Era un primer paso de importancia, pero la élite en el poder no agarró la mano tendida, o en todo caso no quiso verla.

Al inicio del 2002, para relanzar un proceso agotado, los rebeldes plantearon una propuesta que no tenía nada de revolucionaria: un subsidio de desempleo de seis meses para todos los trabajadores que vinieran de perder su empleo.

Nunca el gobierno de Andrés Pastrana dio el primer paso para invitar al Congreso a adoptar una ley que está en vigor en Francia desde hace 25 años, gracias al gobierno de derecha dirigido entonces, durante la presidencia de Valéry Giscard d'Estaing, por el entonces primer ministro... Jacques Chirac.

Hoy en día, entre 3.000 y 4.000 colombianos "se pudren" en el fondo de la selva, entre las tres cordilleras de los Andes. Esta alusión directa a su putrefacción fue hecha por Íngrid Betancourt en agosto de 2002, en la primera de las dos grabaciones de video enviadas por las FARC a la televisión nacional para demostrar que ella seguía con vida.

Cada sábado, una nueva letanía de desaparecidos aparece en la página séptima del diario *El Tiempo* de Bogotá. "La última vez que fue vista se dirigía a sus clases en la universidad", "Tenía una cita con un amigo, no lo hemos vuelto a ver", son, entre otros, los ejemplos publicados en una columna entera del periódico. Todos estos avisos de búsqueda tienen que ver con personas secuestradas.

Muchas serán halladas muertas, abatidas a tiros. Algunas serán liberadas, como es obvio, a cambio del pago de un rescate económico. Pero la mayoría se verá obligada a pasar meses, incluso años, en escondites oscuros, antes de que su familia logre endeudarse para pagar la suma exigida, si es que su familiar no es ejecutado en el intervalo.

Desgraciadamente, son muchos los ejemplos de secuestrados hallados muertos después de que sus familias han conseguido el dinero para pagar por su liberación.

¿Quién habla en Francia de Fernando Araújo? Este exministro fue secuestrado en diciembre de 2001 en plena Cartagena, en la costa del Caribe, a pesar de que este balneario, antigua capital del esclavismo, es reconocido por su seguridad.

Su hermano Gerardo, director del diario local *El Universal*, no deja de plantearme la misma pregunta mientras mueve la cabeza, presa del desespero, frente al silencio de Francia con respecto a las "otras" víctimas del conflicto colombiano. Sobre su escritorio hay siempre un teléfono celular. Ni siquiera durante las entrevistas le quita los ojos de encima, a la espera de un hipotético llamado relacionado con su hermano. A fines del 2005, cuatro años después de su secuestro, hubo por fin una señal... pero en una grabación de video enviada por la guerrilla a su familia. Había enflaquecido tanto, que sus parientes tuvieron dificultad para reconocerlo. Para hacerse una idea de las dimensiones de este drama, basta con visitar los estudios de Caracol, una de las mejores cadenas de radio del mundo, por el espíritu combativo con que asume la búsqueda de información. Desde las seis de la mañana, su conductor no duda en despertar ministros y jefes de empresa para buscar sus reacciones en directo sobre las noticias de actualidad.

El programa *Las voces del secuestro*, conducido por Herbin Hoyos, vale su peso en emoción y en grandeza ante el dolor. Este joven periodista estuvo, él mismo, secuestrado durante 17 días por las FARC antes de ser liberado por un comando del ejército. Ante su micrófono desfilan niños, esposas, madres y abuelos, para enviarles mensajes a sus parientes secuestrados con las últimas noticias de la familia.

"¡A tu pequeña Nadia le nació el primer diente!", anuncia una esposa en lágrimas a su marido secuestrado, un soldado que ni siquiera conoce a su bebé, nacida después de su secuestro.

"Conserva el valor, te pensamos", dice un anciano a quien le cuesta trabajo subir las escaleras del estudio apoyado en su bastón para dirigirse a su hijo.

"Papi, espero que estés aquí para la fiesta de mis quince años, que será en tres meses", se atreve a soñar una niña, apretada junto a su corazón por su madre, que trata de ahogar un discreto llanto.

La guerrilla, que en contadas ocasiones hace gala de un rezago de humanidad, les permite a veces a sus secuestrados escuchar esta emisión. Sus oyentes estiman que el jurado noruego que anualmente otorga el premio Nobel de la Paz debía entregárselo a *Las voces del secuestro*.

La plaga de Colombia es un tríptico: el secuestro, la muerte violenta y la droga.

Si usted toma un taxi en la calle en Bogotá, es posible que nunca llegue a su destino. El extranjero que se encuentra de paso sonríe de incredulidad cuando uno le recuerda la imperiosa necesidad de llamar por teléfono a una compañía de taxis para utilizar este medio de locomoción de manera segura.

Uno de mis amigos, un francés, casado con una alta funcionaria del Estado colombiano, experimentó los avatares de un taxi tomado a las carreras bajo la lluvia a menos de 500 metros de su casa, el 10 de marzo de 2004.

El conductor se detuvo de pronto, con el pretexto de una varada. El reflejo normal ha debido hacerlo saltar al instante del vehículo sin preguntar nada, ni siquiera cuánto debía por la abortada carrera. Dos malandros con chaqueta de cuero se subieron entonces, cómplices del chofer, que volvió a arrancar. Los dos hombres obligaron a mi amigo a mostrarles sus tarjetas de cajero automático sin siquiera sacar a relucir sus armas. Una hora más tarde le habían sacado 2.000 dólares, el máximo de retiros permitidos en una jornada por los cajeros automáticos en Colombia y Francia.

Esta víctima del "paseo millonario", bautizado así en Colombia por una población entregada al humor para olvidar su tragedia, debe agradecer siempre a sus asaltantes el haberlo dejado con vida, no haberlo enterrado en un hueco a la espera del pago de un rescate y, sobre todo, que no hubiesen siquiera tocado a su niña de 18 meses.

Este "paseo" termina a veces en un charco de sangre. Un conductor de taxi tuvo el infortunio en 2001, después de haber sido despojado de la caja donde guardaba el producido del día por dos delincuentes en Bogotá, de voltearse y ver el rostro de los asaltantes. Dos segundos después, tenía una bala en la cabeza.

Uno de mis amigos, Alberto, quiso un día darle una mano a un colega y le arrendó su taxi por un sábado. Una pareja "bien", el hombre con saco y corbata, y la mujer con pantalón oscuro, sacaron un revólver y le apuntaron a la sien al término de la carrera.

"Entréguenos toda la plata, acuéstese sobre el piso y no se mueva antes de quince minutos; de lo contrario, lo van a fritar nuestros cómplices que lo observan", le ordenó con voz metálica el bandido.

Alberto siguió las instrucciones al dedillo, nunca denunció este delito ante una policía totalmente ineficiente para combatirlo.

Uno de los secuestrados más famosos es el actual vicepresidente de la república, Francisco Santos. En 1990, este ágil periodista, para la época jefe de redacción del matutino *El Tiempo* de Bogotá, fue secuestrado y luego encerrado en un sótano en las afueras de Bogotá, por criminales a sueldo de Pablo Escobar, entonces capo del cartel de Medellín.

Su calvario duraría diez meses. Santos sólo se arrepiente de no haber traído, "como recuerdo, la cadena" a la que estuvo atado 24 horas al día en su cama, tal y como Gabriel García Márquez lo narra en su libro *Noticia de un secuestro*.

El recorrido seguido por Santos después de este drama merece destacado en relieve. Director de la Fundación País Libre, una ONG dedicada a la liberación de secuestrados, consiguió movilizar el 24 de octubre de 1999, en todas las ciudades de Colombia, a doce millones de manifestantes, todos vestidos de blanco, en una serie de marchas contra la toma de rehenes.

Lo vi entonces, con tres teléfonos celulares en las manos y las orejas, llamar o recibir llamadas de todo el mundo que apoyaban su campaña.

Inmersa en su tristeza después de dos años, la madre de Íngrid, Yolanda Pulecio, zozobró de pronto en una inhabitual torpeza en relación con el vicepresidente, el 3 de marzo de 2004.

Santos, indefectible luchador contra los secuestros, acababa de publicar la carta que había dirigido al premio Nobel de la Paz, para pedir que esta recompensa se les diera a todos los secuestrados de Colombia.

En una entrevista con la emisora RCN, *Mamá Yolanda*, como la bautizaron los niños abandonados que ha recogido en sus tres hospicios, le cayó entonces con todo a la familia Santos, propietaria del diario *El Tiempo*.

"El secuestro (de Francisco Santos) fue de primera clase, pues (su familia) pagó un rescate a la mafia para que lo liberaran", asegura ese día.

¿Acaso el martilleo internacional en torno a Íngrid, convertida en *vedette* con el otorgamiento de la ciudadanía de honor en 1.056 ciudades para aquel entonces, fue el causante de esta patinada de la madre de la célebre rehén? Los admiradores de Íngrid habían deseado que la atribución del Nobel fuera sólo para ella.

La reacción de los Santos no se hizo esperar. En una virulenta carta abierta publicada al día siguiente por el diario, Rafael Santos, hermano de *Pacho* y director del periódico, exigió una rectificación a Yolanda.

> El dolor de madre que produce el secuestro de su hija no justifica bajo ningunas circunstancias que usted haga afirmaciones desquiciadas y mentirosas. Ni que se aproveche políticamente del secuestro de Íngrid para buscar honores, no sabemos con qué propósito.

La madre de Íngrid se metió con un icono. Uno de los miembros de la familia Santos fue elegido presidente de Colombia en otras épocas. Ella tendrá que rectificar, so pena de ver desplegado en el mismo medio de comunicación un *dossier* sólidamente apuntalado con la verdad tras la acción política de la secuestrada, según mis fuentes en la sala de redacción del diario.

A la mañana siguiente, Yolanda "rectifica" sus declaraciones, en una respuesta publicada por el mismo periódico, y afirma entonces "ignorar si hubo o no pago de un rescate" para liberar a Francisco Santos.

Los secuestros y los "paseos millonarios" aterrorizan a sus víctimas, pero están lejos aún de alcanzar el grado de sangrienta violencia vivida en el propio corazón de las ciudades. Por cien mil pesos (35 euros) un marido engañado, un capo de la droga timado o un hombre de negocios estafado pueden desembarazarse del personaje que los incomoda con la ayuda de los famosos *sicarios*, los asesinos de la moto. Cuando uno va en carro y ve acercarse una moto de alto cilindraje con el conductor y un parrillero, el miedo es inevitable.

¿Quién puede saber si el vecino, molesto por haber pisado las suciedades dejadas en la vía pública por su perro, no ha acudido a estos asesinos a sueldo? Esta paranoia es comprensible.

Durante el reino de terror de Pablo Escobar, el rey del cartel de la cocaína en Medellín hasta su muerte, el 2 de diciembre de 1993, cerca de 500 policías pagaron con sus vidas el deseo de venganza del capo, la mayor parte de las veces por un puñado de pesos pagado a jóvenes adolescentes.

No conozco a ninguna familia colombiana que no haya sido golpeada por un asesinato o un secuestro.

El propio Álvaro Uribe perdió a su padre en 1983 en circunstancias trágicas. Un comando de las FARC llegó a su hacienda cerca de Medellín, y para evitar ser secuestrado este terrateniente, cuyo hijo heredó su pasión por los caballos de paso, sacó el revólver que todo el mundo lleva al cinto en esta región y disparó contra los asaltantes.

Superado en número por éstos, Alberto Uribe fue abatido por los guerrilleros.

VII
Íngrid no es Juana de Arco

Al leer su autobiografía *La rabia en el corazón*, uno se imagina a Íngrid en cota de malla, cubierta por su armadura, montada en su caballo, con una lanza en una mano y un escudo en la otra, cabalgando sola, o casi sola, al ataque de los corruptos en Colombia.

Por esta vena abierta se cuelan efectivamente 8.000 millones de dólares al año, producto del desvío de fondos públicos a expensas del tesoro nacional en este país andino.

Esta suma equivale al doble del valor del tráfico de drogas en dicha nación gangrenada, y nadie le ha reprochado nunca a la franco-colombiana el habérsela jugado contra esta tara y haberse hecho elegir diputada en 1994 y luego senadora en 1998.

Pero, en realidad, Íngrid no se parece en nada a la heroína de Carlos VII. Los hechos son tan tozudos a la hora del balance, que su imagen, una vez iluminada en debida forma, no podrá ser modificada ni siquiera por ella. Los cientos de miles de ejemplares de su libro, vendido en Francia y en otras ediciones extranjeras, encierran al lector en una sola visión. Como son raros los testimonios sobre Colombia en el exterior, ella se convirtió en la única fuente de información para el gran público.

He aquí a una joven —pensará el novato en asuntos latinoamericanos— corajuda, rigurosamente apegada a los principios, adorada por su pueblo, y a punto de tomar las riendas del destino de su país a pesar de la avalancha de atentados fallidos en su contra.

Todos los demás políticos están podridos o son unos cretinos. ¡Abran campo al partido Oxígeno y a su fundadora!

El balance de la lectura tiene el mérito de poder ser breve y simple, pues consagra a la autora como un ídolo. Esa es Íngrid Betancourt, según ella misma.

Pero, tristemente, la realidad es bien distinta.

Una vez más, no se trata de pisotear, ahora que está secuestrada, en las garras de la guerrilla, a quien se convirtió en un icono en Francia gracias a los medios de comunicación y los políticos. ¿Cómo hablar de un "cordero" que ya está en la boca del lobo?

En un mundo en que la prensa ya no es más el cuarto poder, no sería aconsejable remar contra la corriente si al final no se encontrase la satisfacción de haber extraído la verdad de un pozo profundo.

Pese a que a veces esta verdad no resulta cómoda, la función del periodista exige retirar los velos que la disimulan, aun si la operación es dolorosa.

Íngrid, ¿"consentida" de los colombianos? Esta imagen es totalmente falsa. Choca con la realidad en una proporción indiscutible, como lo confirman todas las previsiones electorales de aquel entonces.

Cuando Íngrid fue secuestrada, el 23 de febrero de 2002, recordémoslo, nos encontrábamos apenas a tres meses del escrutinio presidencial del 26 de mayo siguiente.

En una encuesta realizada por entrevistas personales a 1.936 electores entre el 19 y el 25 de enero del 2002, es decir, menos de un mes antes del secuestro de la candidata del partido Oxígeno, el principal diario de Colombia, *El Tiempo,* de Bogotá, ¡sólo le otorgaba el 0,2% de las intenciones de voto!

En una encuesta publicada en su edición del 18 de febrero de 2002, el semanario *Cambio* no la ubicaba siquiera entre los candidatos que habían registrado alguna preferencia entre los 1.600 electores entrevistados. Peor aún: entre los siete candidatos, es la única que no obtiene una sola respuesta positiva a la pregunta "¿Quién es el más competente para combatir a la guerrilla y a los paramilitares?".

En cuanto a su caballito de batalla, la corrupción, sólo el 2% de las opiniones de los electores entrevistados la señalan como el candidato mejor dotado para generar esa lucha, es decir, el último lugar en el sondeo...

Ella no sólo carece de registro alguno en la opinión nacional para esa elección, sino que consigue, en la misma encuesta de cambio, el segundo lugar en la lista de los candidatos por los cuales los electores no votarían nunca, con 22%, detrás de Horacio Serpa.

Este candidato liberal oficialista a las presidenciales de 2002 es detestado por muchos colombianos por haberse mantenido fiel como ministro del Interior del presidente Ernesto Samper (1994-1998) durante los procesos judiciales contra el jefe del Estado por el presunto apoyo de los capos de la cocaína de Cali a su campaña electoral.

El director de la revista, Mauricio Vargas, está por encima de toda sospecha, si es que alguien cree que puede haber alguna trampa en esta encuesta. *Cambio* es un medio de comunicación serio, fundado por el premio Nobel de literatura en 1982, Gabriel García Márquez, autor de *Cien años de soledad.* Este periodista es por demás un amigo de infancia de Íngrid, pues juntos aprendieron sus primeras letras en los pupitres que compartían en el Liceo Francés Louis Pasteur en Bogotá.

En estos dos sondeos de enero y febrero de 2002, Álvaro Uribe aparecía ya como amplio vencedor. En las elecciones del 26 de mayo, la candidatura de Íngrid, sostenida por el partido Oxígeno después del secuestro, no obtendrá sino el 0,4% de los votos emitidos, y este partido autodenominado Verde se salvará por milímetros de perder entonces, por falta de los votos necesarios a las elecciones del Congreso, su personería jurídica.

¿La ecología? Los Verdes de todo el mundo idolatran a Íngrid Betancourt por el solo nombre de su movimiento, creado en 1998: el partido Oxígeno.

Se trata, de nuevo, de una jugada de *marketing*. Íngrid había pertenecido hasta entonces al Partido Liberal, socio del Partido Conservador, durante el Frente Nacional, de triste recordación.

En aras de la novedad, la provocadora pasionaria del combate anticorrupción busca una etiqueta que la diferencie, por el color, de la alta sociedad bogotana a la que pertenece.

Su segundo esposo, el publicista Juan Carlos Lecompte, se tropieza con esta idea durante una noche de insomnio y a la mañana siguiente se la presenta. ¡Es brillante!

No se trata en ningún caso de luchar contra la deforestación salvaje causada por los carteles de la droga que plantan sus semillas de muerte, ni contra la contaminación de los cursos de agua por efectos de los precursores químicos utilizados para procesar la cocaína.

Las máscaras de oxígeno utilizadas entonces por sus seguidores buscan simbolizar su desagravio frente a los olores fétidos de la corrupción, nada más. Cuatro años más tarde, los Verdes europeos habrán desembolsado 70.000 euros con destino a este partido colombiano, según la prensa del país. Permitirán con ello a los defensores de Íngrid Betancourt viajar al viejo continente con el fin de socavar la política de Álvaro Uribe.

¿Los secuestrados? Esta palabra simple y llanamente no aparece en ninguna de las 249 páginas de las memorias firmadas por Íngrid. Esta plaga se remonta a varias décadas. Sin embargo, ella nunca ha combatido este crimen que Dominique de Villepin sólo evocará de manera lapidaria en noviembre de 2002.

Yolanda, Astrid, Juan Carlos o Fabrice sólo utilizan a disgusto la palabra "secuestro" en plural. A tal punto les interesa sólo la suerte de Íngrid en sus contactos permanentes con la cancillería francesa.

Cuando el diputado europeo del Partido Verde francés, Alain Lipietz, apareció en Bogotá en marzo de 2002, no se refirió en ningún momento delante de mí, a su salida del aeropuerto Eldorado de Bogotá, a los demás secuestrados. Dispara directo a la cabeza de las FARC, una organización terrorista según Estados Unidos y la Unión

Europea, y odiada en Colombia por todos lados. Exige la liberación "inmediata" de Íngrid Betancourt.

Alain Lipietz se declara incluso en aquel entonces "en contra del intercambio" entre secuestrados y prisioneros, como si se tratara de combatir una tendencia enemiga en el seno del Partido Verde en París, en un corredor.

Este mismo partido lo obligó a renunciar a su candidatura a las elecciones presidenciales francesas en 2002, en beneficio del antiguo periodista Noël Mamère.

¿Los derechos del hombre? Podríamos gastar mucho tiempo sin encontrar la menor alusión en su defensa a las intervenciones de la secuestrada franco-colombiana. "Ese tema nunca le interesó", me dirá el vicepresidente Francisco Santos, con una mueca inequívoca, en el corazón del palacio presidencial. ¿El aborto? Íngrid se ha presentado siempre como símbolo de la lucha feminista, en un país preso aún de un tenaz machismo. Sin embargo, ella nunca ocultó su oposición al aborto, a pesar de que 450.000 colombianas recurren a él cada año en la clandestinidad, ante las "fabricantes de ángeles", a golpes de agujas de tejer o de seudopociones mágicas salidas de los néctares indígenas que ofrece la jungla, poniendo así en grave peligro sus vidas.

"Soy católica y practicante. La decisión del aborto es una cuestión íntima, totalmente personal; como católica, experimentaría las mayores dificultades antes de aceptar acudir a ese recurso", confiesa Íngrid días antes de su secuestro, en una entrevista con la revista mensual *Credencial*.

Cuando uno sabe del compromiso de izquierda de los Verdes franceses, y su apoyo a un control de natalidad en vigor desde hace 27 años en el Hexágono gracias a la ley Veil[41], este rechazo al aborto sorprende.

---

41. Ley que lleva este nombre en honor de Simone Veil, exministro de Salud.

En la misma entrevista, Íngrid sugiere incluso a toda mujer embarazada reacia a un alumbramiento no deseado, "tomar contacto con la Iglesia y recibir la ayuda de un sacerdote".

Ahora bien, la Iglesia mantiene una feroz oposición contra el control de natalidad, y la utilización de preservativos es todavía extremadamente marginal en Colombia por miedo al "pecado mortal", a pesar de que el sida mata miles de personas en ese país cada año.

¿Los atentados? En su campaña "Lave más blanco", organizada contra la corrupción a partir de 1994, Íngrid no cesó nunca de atacar a brazo partido a Ernesto Samper, presidente liberal de 1994 a 1998.

Que este jefe del Estado se haya visto obligado a rendir cuentas a la justicia bajo la acusación de haber recibido seis millones de dólares de los hermanos Miguel y Gilberto Rodríguez, capos del cartel de Cali, es un hecho. Pero también lo es que fue absuelto por el Congreso y declarado inocente por un sobreseimiento judicial.

En su libro, Íngrid lo acusa de ser "un delincuente, un criminal", de haber eliminado a sus opositores por medios violentos y de haber intentado mandarla matar.

Cuando ella relata uno de estos presuntos atentados fallidos, acaecido el 20 de julio de 1996, su narración sólo puede llamar a la duda.

Su carro habría sido primero arrinconado por otro vehículo en una calle, a un paso del capitolio, y luego imposibilitado de retroceder por otra camioneta cómplice atravesada detrás, antes de que su conductor, a todas luces un futuro competidor de Juan Pablo Montoya en los circuitos de Fórmula Uno, consiguiera deslizarse por el andén para escapar finalmente de los atacantes. Algunos tiros habrían sonado a lo lejos... Íngrid jamás presentó una denuncia formal para no preocupar a sus dos hijos, según ella.

En Bogotá, cuando alguien desea ejecutar a un opositor, los sicarios no fallan nunca. Trabajan en moto, a veces incluso a pie, pero muy rara vez en carro, y en todos los casos con 100% de éxito. Este porcentaje no está reservado solamente a los hombres...

Una mujer detenida en la prisión del Buen Pastor, en Bogotá, reivindica 32 ejecuciones a mano armada.

Cuando se la cruzó un día en este centro de reclusión, uno de mis amigos sintió un "corrientazo por la espalda", frente a su mirada "de acero templado", según él mismo me lo confesó, aún estremecido por la imagen de la asesina "de los cabellos rojos".

El presunto atentado del 20 de julio de 1996, si se hubiese concretado, habría tenido lugar a pocos metros del Congreso, en momentos en que Ernesto Samper recibía a los integrantes de la Cámara de Representantes y del Senado, en el palacio presidencial, en el marco de una recepción con ocasión de la apertura del período parlamentario.

Es difícil imaginar al jefe del Estado pensando en eliminar una oponente cerca de su palacio, cuando todos los colegas de la congresista se encuentran a su lado en un clima de consenso.

Invitado por mí a responder a estos cuestionamientos, Ernesto Samper prefirió no responder. Se limitó a afirmar en una entrevista por teléfono del 12 de abril de 2004 en Bogotá: "No quiero polemizar con la señora Íngrid Betancourt en las dolorosas circunstancias en que se encuentra en este momento".

El expresidente no quiso siquiera recordarle a su interlocutor que él estuvo a punto de perder la vida en un atentado. El 3 de marzo de 1989, en el hall central del aeropuerto Eldorado de Bogotá, un comando de asesinos abrió fuego sobre él y sobre un dirigente de la Unión Patriótica, José Antequera.

Este líder de izquierda del partido de los exguerrilleros arrepentidos fue asesinado ese día, lo mismo que su guardaespaldas y uno de los sicarios. En cuanto a Ernesto Samper, resultó gravemente herido.

Los cuatro proyectiles que ingresaron en su cuerpo nunca fueron extraídos, por lo que cada vez que pasa por un detector de metales, en algún aeropuerto o a la entrada de algún ministerio, ¡la alarma no deja de sonar!

VIII

Cuatro mosqueteros y ningún D'Artagnan

Á vida de publicidad, y estimulada a recurrir a ella sin descanso tras su elección a la Cámara de Representantes gracias a la distribución de preservativos en la calle, Íngrid lanzó su primera ofensiva en 1994, recién elegida, en contra de un contrato de armamento del Estado. El contrato había sido firmado con la compañía israelí Galil, que produce los famosos fusiles de calibre 7.62.

En sus memorias, ella recuerda haber constituido un cuarteto de representantes a la Cámara, bautizado de inmediato "Los cuatro mosqueteros" por ellos mismos, para denunciar en vano esta compra de fusiles, que supuestamente explotarían en el rostro de los soldados colombianos por cuenta del clima húmedo, según ella.

Diez años después de estas aseveraciones alarmistas, sigo viendo a todos los militares y policías de Colombia, en todos los rincones del territorio, utilizar sin problema alguno su Galil. Si las presuntas fallas denunciadas por Íngrid hubiesen sido reales, ¡no quedaría casi nadie con vida en las fuerzas armadas colombianas!

En su briosa campaña anticorrupción, Íngrid se vuelve ingenua, hasta el punto de reconocer en su libro que fue "guiada" para su debate ante la Cámara por dos de sus amigos: Camilo Ángel y Agustín Arango.

El padre del primero no era otro que el representante de la fábrica de revólveres Colt en Colombia, y el segundo el vendedor de los Famas franceses, ambos competidores del Galil...

Cuando Íngrid inicia el debate sobre los Galil, otros tres representantes a la Cámara se le unen: Guillermo Martínez Guerra, María Paulina Espinosa y Carlos Alonso Lucio. No sólo les hacía falta un D'Artagnan a los desacreditadores del arma israelí, sino que con el paso de los días el cuarteto terminó totalmente desmembrado.

Comencemos por el último, el más cautivante por cuenta de su recorrido de montaña rusa: Carlos Alonso Lucio.

Este antiguo comandante del movimiento revolucionario M-19, reincorporado a la vida civil, es un cerebro seguro de sí mismo. Aun sus peores enemigos le reconocen una inteligencia fuera de lo normal.

Sus posturas antinorteamericanas le han granjeado las simpatías de ciertas capas de la sociedad. Colombia conserva un fuerte sentimiento nacionalista poco compatible con la injerencia de Estados Unidos en este país que hace parte de su patio de atrás.

Íngrid tiene entonces reputación de "audaz, atrevida", pero también, como me lo revelará uno de sus antiguos jefes, de ser una "rumbera".

La representante a la Cámara es, en aquel entonces, la compañera de un hombre mayor que podría ser su padre, Germán Leongómez. Íngrid lo invitó a acompañarla durante una gira por Asia cuando ella trabajaba para el Ministerio de Comercio Exterior, creado bajo la autoridad de Juan Manuel Santos, futuro presidenciable colombiano. Germán Leongómez había contribuido con más de cinco millones de pesos de la época a la campaña electoral de la candidata al Congreso en 1994, equivalentes al 8% del total de las donaciones, como lo atestigua un balance de su contabilidad electoral disponible en la Registraduría Civil y al que yo tuve acceso[42].

El encanto de Lucio seduce a la joven parlamentaria, que olvida pronto a Germán Leongómez y se encapricha con el antiguo guerri-

42. Cf. Documento anexo 3.

llero, llegado de un mundo que le fascina y que ella no ha logrado penetrar porque su educación en los colegios elegantes la ha mantenido alejada.

Se dejarán ver juntos muy pronto por los corredores del Congreso. Esta pasión no tendría nada de anormal si Íngrid, separada desde 1990 de su exmarido francés Fabrice Delloye, a quien ella le dejó el cuidado de sus dos hijos para lanzarse a la Cámara, no activara de este modo una relación demoníaca.

Originario de Cali, uno de los bastiones de la cocaína dirigido por los hermanos Rodríguez Orejuela, Carlos Alonso Lucio "se convirtió de pronto en portavoz de los traficantes de droga", según me recuerda el director de un periódico colombiano que prefiere guardar el anonimato. Sin embargo, es bueno recordar que un portavoz no es necesariamente un culpable.

Sobre este punto específico, una mordaz columna editorial contra "La edificación de Íngrid" fue publicada por la reconocida periodista colombiana María Jimena Duzán, el 23 de febrero de 2004, en el periódico *El Tiempo* de Bogotá. Allí, ella denuncia "la falsa imagen de Juana de Arco" dada a Íngrid, y recuerda pérfidamente la época en que "se la veía de la mano del controvertido Carlos Alonso Lucio haciendo *lobby* en el Congreso para pedir la casa por cárcel para los narcotraficantes..."[43].

El exrebelde Lucio tratará en vano de oponerse a la reinstauración, adoptada por el Congreso en 1997, de la extradición a Estados Unidos de todo presunto capo de la droga colombiana buscado por una corte de justicia norteamericana.

Esta renuncia a la soberanía se sigue aplicando, hoy en día, con más de 200 extraditados del país andino remitidos a las autoridades de Washington —hasta 2004— para ser juzgados allí por el Tío Sam, sin consideración alguna con la independencia de Colombia en materia de justicia.

---

43. *Ibid.*

Semejante excepción amerita un paréntesis para ubicar el grado de persistente dependencia de Latinoamérica frente a Estados Unidos desde la política del "gran garrote", dictada en 1823 por Washington. En una conversación "a calzón quitao" con la prensa internacional el 6 de abril del 2004, en la que tuve ocasión de participar, un ministro que no desea ser citado soltó una verdadera perla:

"¡Ninguna medida, ningún texto sale del palacio presidencial sin haber sido aprobado por la embajada de Estados Unidos en Bogota!", reveló, ciertamente con la esperanza de que su confidencia le diera un día la vuelta al mundo.

Hacía alusión entonces a un nuevo proyecto de ley para la rebaja de penas a los rebeldes, en este caso los paramilitares, decididos a entregar sus armas a cambio de reintegrarse a la vida civil; en este marco, no se trataba de un puñado de terroristas, como en el País Vasco español o en Córcega, sino de 20.000 hombres de extrema derecha conocidos por su crueldad y dispuestos a entregarse. Estos fanáticos del combate contra la guerrilla no dudan en utilizar la motosierra para cortar en dos a los campesinos bajo sospecha de haber dado de comer o de beber a los guerrilleros.

Para perfeccionar semejante desmovilización era necesario tener el visto bueno de dos importantes jefes de las AUC (Autodefensas Unidas de Colombia): Carlos Castaño y Salvatore Mancuso. Los dos son objeto de un pedido de extradición de los Estados Unidos. "El proyecto de ley sobre su reincorporación a la vida civil fue revisado previamente por la embajada americana", confesó la misma fuente gubernamental, sin precisar si Washington renunciaría a sus exigencias sobre el juicio en Estados Unidos de estos dos líderes, para permitir a la ley alcanzar un desenlace favorable. Este dilema se resolvió en parte, en mayo de 2004. Me enteré entonces de que el fundador de las AUC, Carlos Castaño, "desaparecido" según la versión oficial desde el 16 de abril anterior durante una emboscada, fue de hecho "expatriado" de Colombia por agentes estadounidenses.

Fue primero transferido a Panamá, un antiguo departamento colombiano anexado por Estados Unidos en 1903 para monopolizar el control del canal del mismo nombre, y luego llevado cerca de Tel Aviv, en Israel. Ni Colombia ni Israel desmintieron nunca mi información. Me enteré incluso en noviembre de 2005 que la esposa y la hija de Carlos Castaño vivían desde entonces, como por azar, en... Israel.

El excomandante Lucio termina por cansar a Íngrid con su militancia por una causa que ella no comparte verdaderamente. Su relación tiene plomo en las alas, y Juan Carlos Lecompte, brillante publicista con 48 años de edad hoy, se convierte en su nuevo compañero en 1996.

Los empinados altibajos de las aventuras de su exnovio continuaron. Perseguido por la justicia, Lucio huye a Cuba pero termina por regresar a Colombia para purgar una pena de prisión. Tras su liberación, es tomado como rehén en 1999 por los paramilitares, y logra salir bien librado gracias a una parlamentaria, Vivianne Morales, conocida por su franqueza. Una semana después de quedar libre, los dos tórtolos se casan, festejan su unión en el restaurante Andrés Carne de Res, 30 km al norte de Bogotá, y abandonan sus antiguas pasiones. Lucio se transformó en convencido predicador evangelista, con el apoyo de su esposa, quien "no está dispuesta a permitirle evocar" para mí sus años con Íngrid, tal como me contestaría la hermana de Vivianne a mi pedido de una entrevista con él que no se ha podido realizar.

El tercer mosquetero es un antiguo piloto de la Fuerza Aérea Colombiana, Guillermo Martínez Guerra. Es él quien destapa el caso de los Galil con sus revelaciones sobre un presunto escándalo. Será el único que continuará por un tiempo en la misma ruta que Íngrid, cuando hagan juntos una huelga de hambre para protestar por la negativa del Congreso a procesar al presidente Ernesto Samper. Este "mosquetero" es el más misterioso de los cuatro. Nadie sabe a dónde fue a parar desde que dejó de ser parlamentario, pero todo el mundo recuerda su extraña costumbre de dormir en un ataúd, debajo de una pirámide.

En cuanto a la última del cuarteto, conocida como la "Pum Pum", era en 2004 una embajadora exuberante de Colombia en Quito.

María Paulina Espinosa, confidente de Íngrid en la Cámara, fue una amiga íntima del ministro ecuatoriano de Asuntos Exteriores de la época, Patricio Zuquilanda, hasta el punto de generar rumores en los salones del país de los 99 volcanes.

Tras estar a la cabeza de esta manada de lobos, hoy en día dispersa, Íngrid Betancourt no tuvo la clase de un D'Artagnan para seguir con el asalto a los poderes establecidos en compañía de los demás mosqueteros.

Temeraria, ha mantenido siempre un rizo rebelde sobre su rostro ovalado, pero su entusiasmo comunicativo se ha visto con frecuencia perjudicado por un temperamento receloso, alérgico a la contradicción.

"¡Muy pronto se tiraban a matar con su compañera de trabajo Martha Lucía Ramírez!", me contó un exministro, que pidió el anonimato, al recordar los tres años que pasaron juntas estas dos jóvenes en el Ministerio de Comercio Exterior. Martha Lucía Ramírez me envió en diciembre de 2005 una respuesta por *e-mail* en términos diplomáticos con respecto a este pedido.

La actual rehén de la guerrilla siempre ha experimentado problemas para soportar la competencia femenina, pero, en justicia, sus éxitos sonoros en las elecciones a la Cámara y luego al Senado poco ayudaron a mejorar la actitud hacia ella de esta otra mujer, igualmente deseosa de cumplir un papel protagónico en la política de su país.

Bautizada como la "Dama de Hierro" de Colombia, Martha Lucía Ramírez dará que hablar de ella en el futuro gracias a una pugnacidad a toda prueba y un sentido del Estado poco común, reconocido por todos, entre ellos sus adversarios.

Primera mujer en convertirse en ministra de Defensa en agosto de 2002, en el gobierno de Álvaro Uribe, no dejará de patear los hormigueros para tratar de poner fin a la corrupción en el seno de las fuerzas armadas en Colombia, hasta su renuncia en noviembre de

2003. "Quedó fascinada con Nicolás Sarkozy", me reveló un oficial colombiano tras la visita del ministro francés del Interior a Bogotá en julio de 2003.

Buena vida, Íngrid no tiene nada en común con la "Doncella de Orleans", como lo atestiguan sus relaciones con Carlos Alonso Lucio en 1995. "No es el género de acompañante que yo quisiera para mi hija", me repitieron todos los de las altas esferas que los vieron juntos en aquel entonces, "muy enamorados".

Nadie olvida aquellos días felices cuando su novio —Carlos Alonso Lucio— le dio una moto Harley Davidson después de una cumbre política en Cartagena de Indias.

Nunca la excompañera de Lucio ha cuestionado en retrospectiva esta unión ni ha argumentado haber sido engañada de buena fe por este aventurero del camino.

IX

Una heroína en la sombra: Clara Rojas

"Madre, decidieron liberarme, pero voy a quedarme al lado de Íngrid". Estas escasas palabras contenidas en un correo electrónico apuñalaron el corazón de Clara, la madre de Claraleti Rojas.

Clara Leticia, conocida como Claraleti, era la candidata a la Vicepresidencia de la República por el partido Oxígeno cuando un comando de las FARC la secuestró con Íngrid Betancourt, el 23 de febrero de 2002, en una carretera llena de baches en el Caquetá.

Ni el ministro Dominique de Villepin, ni su secretario de Estado Renaud Muselier, ni mucho menos su embajador Daniel Parfait, han dado nunca la menor muestra de afecto hacia esta mujer que sigue siendo una heroína a la sombra de Íngrid. Prácticamente nunca han mencionado su nombre. Esta desconocida de la opinión pública, cómplice de la futura candidata a las presidenciales desde 1991, cuando se conocieron en el Ministerio de Comercio Exterior, combina una valentía fuera de lo común con un desinterés evidente por estar en primera fila.

Abogada de formación, cumplió 41 años el 20 de noviembre de 2005. Fue ella quien, echada en el piso en su oficina del Congreso, ayudó a Íngrid a clasificar los recortes de prensa y los informes oficiales para preparar el *dossier* contra el presidente Ernesto Samper en 1995.

Esbelta, los ojos negros en medio de un rostro fino, Claraleti es la menor de las cinco hijas de Clara, una mujer de cabellos cada vez más blancos desde el secuestro de su pequeña.

"Era mi preferida, era capaz de enfrentársele a todo el mundo. Se había encargado de pagarse ella misma sus estudios de derecho gracias a pequeños empleos", se enorgullece su madre al mostrarme su foto, antes de hundirse en el llanto por la ausencia de aquella a quien venera y por quien confiesa llorar todos los días rezando el rosario que guarda noche y día entre las manos.

El sábado 21 de febrero de 2004, 300 parientes y amigos de las dos secuestradas se reunieron sobre la carrera séptima de Bogotá para conmemorar los dos años del secuestro. Sergio Coronado, vocero del Partido Verde francés, estaba presente y recuerda esta "jornada bañada por el sol". Yo también estaba allí.

Clara Rojas, con un retrato de su hija sobre las rodillas, se quedó discretamente sentada sobre una silla, sin decir una palabra, invadidos los ojos de una tristeza que sólo las madres saben interiorizar.

Las cámaras de televisión y los micrófonos de la radio, dedicados como siempre a Yolanda, Astrid y Juan Carlos Lecompte, ignoraron por completo a esta mujer de edad.

"El gobierno mantiene una política de guerra y no tiene ninguna voluntad política para un acuerdo humanitario con la guerrilla", repite ese día el esposo de Íngrid a todo aquel que quiera escucharlo. La madre de Íngrid se despachará ante los micrófonos y las cámaras con un nuevo discurso, en el mismo tenor, para denunciar los "palos en la rueda" puestos, según ella, por el presidente Álvaro Uribe al intercambio humanitario.

La madre de Claraleti tiene, por cierto, cosas que decir. A diferencia de los Betancourt, no lanza crítica alguna al jefe del Estado por su tratamiento dado al tema de los secuestrados.

"Hay que entender la posición de Álvaro Uribe, no es nada fácil", me dijo entonces, ceñida en su sastre azul marino. "Que Dios le dé la sabiduría indispensable para encontrar el buen camino, ¡ya que todos conducen a Roma!". Seré el único que recoja sus declaraciones ese día.

Las relaciones entre Íngrid y Claraleti no fueron siempre un gran jardín de rosas, como me lo confirmaron algunos testigos. Sin embargo, las heridas sanaron a principios de 2002 y las dos mujeres se lanzaron a la campaña, sin dejarse impresionar por el poco eco recibido ni por las migajas que les otorgaban las encuestas.

Una vez sumergida en la adversidad, Claraleti no lo pensó dos veces antes de tomar la decisión de rechazar la libertad que le ofrecían las FARC. "Su decisión es respetable, pero es necesario conocer a mi hija para comprenderla, tan noble y decidida como es", explica su madre.

Yolanda Pulecio recibió a su vez un correo de Íngrid. "Madre, Claraleti quiso quedarse a mi lado, como una hermana, y se negó a partir cuando los guerrilleros la dejaron en libertad", escribió su hija en 2002.

Cuatro años después del secuestro de las dos candidatas de Oxígeno a las presidenciales, ninguna de las 1.500 ciudades que han declarado a Íngrid ciudadana de honor ha contemplado la posibilidad, que yo sepa, de sumar a Claraleti a este homenaje, ni a su madre, con su resplandeciente dignidad, se le ha ocurrido sugerirlo.

En cuanto al premio Nobel de Paz, que merecería también recibir, nadie la ha mencionado...

X

París se la juega por las FARC y pierde más de 700 millones de dólares

Francia perdió en 2004 y está a punto de ver pasar bajo sus narices, al término de 2005, un mercado de más de 700 millones de dólares en materia de cooperación militar con Colombia, por cuenta de la política del tándem Villepin-Parfait.

Esta cantidad es por sí sola superior al 80% del total de los intercambios comerciales entre los dos países cada año.

En el Hexágono, siempre golpeado por una alta tasa de desempleo, la izquierda y la derecha juntas valorarían este hecho...

Por haber bailado con entusiasmo, ante el ojo de las cámaras, la rumba, el bolero y el vallenato con los comandantes de la guerrilla del Caguán cuando el proceso de paz se tambaleaba a principios del 2002, el embajador francés en Bogotá, Daniel Parfait, creyó que era fácil razonar con las FARC para obtener la liberación de Íngrid cuando los rebeldes reanudaron el camino de la guerra en la jungla.

París no tomó conciencia del valor de la secuestrada para los rebeldes sino el día en que fracasó en 2003, en circunstancias lamentables, la "Operación 14 de julio", destinada a su liberación en pleno Amazonas.

Los llamados a la razón no sirvieron para nada y cuando Dominique de Villepin regresó por primera vez a París con las manos vacías el 22 de noviembre de 2002, después de una breve visita de trece horas a Bogotá, Francia se dio cuenta de que el camino sería largo antes de arrojar un resultado positivo.

El jefe de la diplomacia francesa tomó entonces una decisión estratégica que afectó y sigue afectando, tres años más tarde, las relaciones entre Bogotá y París: la congelación de cualquier venta de armas hacia Colombia. Si bien Francia como Estado no vende armas a Colombia, el gobierno controla el mercado por medio de la Comisión Interministerial de Exportación de Material de Guerra (CIEM). Un centenar de *dossier* están en forma permanente sobre la mesa. El CIEM da las autorizaciones de negociar y, eventualmente, de vender.

"No queremos que la guerrilla se tropiece siquiera con un casquete de bala *Made in France,* y nos considere sus enemigos para quedarse con Íngrid a perpetuidad", me dice en aquel entonces un alto funcionario de la embajada francesa en Bogotá cuando le pregunto sobre la política de París.

En 2005, todos los proyectos de cooperación militar seguían siendo bloqueados. "¿De qué nos sirve? ¡Francia está perdiendo millones!", me plantea un agente en Colombia del contraespionaje francés.

A fuerza de escuchar a Daniel Parfait, así como el eco de Yolanda, Astrid, Juan Carlos, Fabrice, y ahora Mélanie, la hija de Íngrid, exigir la liberación de la famosa secuestrada, Bogotá ha terminado por enfadarse, sin hacer mucho aspaviento, pero con determinación.

La señal de advertencia sonó en enero de 2004 con el asunto del avión presidencial. Apodado "La Cafetera", el aparato 001 de la Fuerza Aérea Colombiana (FAC), un *Fokker* reservado al jefe del Estado, cumplió entonces 20 años, dejó de ser confiable, y además de hacer un ruido del demonio, ha experimentado ya una serie de averías.

En resumen, este avión se convirtió en un peligro para el presidente y no dispone siquiera de la autonomía para atravesar de un solo tiro el Atlántico. Debe aterrizar en las Azores para luego alcanzar Europa viniendo de Bogotá.

A fuerza de advertencias sobre su seguridad siempre riesgosa, Álvaro Uribe, un fanático de los ahorros acostumbrado a dar ejemplo, terminó por escuchar a sus consejeros y aceptó el principio de remplazar el Fokker por un nuevo avión.

El Boeing 737 norteamericano y el Airbus A-319 europeo quedaron como finalistas tras una convocatoria pública.

El 8 de enero de 2004, el Ministerio de Defensa, encargado de la adquisición, pide a las dos partes presentarle sus propuestas en firme. "La decisión será tomada con criterios exclusivamente financieros", les precisan a los interesados. Cinco días más tarde, el mismo ministerio le pide a Airbus volver a redactar el contrato de venta. En el consorcio europeo ya se frotan las manos. Boeing parece haber quedado a la vera del camino.

Es un golpe maestro de *marketing* por parte de Airbus. Pero la lucha fría sobrevendrá el 23 de enero, tras el retorno de México del jefe del Estado colombiano, quien ha hecho contacto allí con funcionarios estadounidenses. La presidencia anuncia que el nuevo avión del primer mandatario será un Boeing 737, propiedad de la compañía Raytheon (de Estados Unidos) y al servicio de su principal ejecutivo.

Nadie puede ya llamarse a engaño: la decisión es política y ya no financiera, ya que el Boeing cuesta 40 millones de dólares, contra 26,5 millones de dólares del Airbus, fabricado en Toulouse, en el suroeste de Francia.

Si el gobierno de Bogotá, que tiene una deuda externa de más de 50.000 millones de dólares, prefiere perder 13,5 millones de dólares, no es solamente por hacerle un guiño a Washington.

Es cierto que entre 2000 y 2004 Estados Unidos le ha inyectado 2.600 millones de dólares al país andino para ayudarlo a erradicar las plantaciones de hoja de coca, materia prima de la cocaína, por la aspersión aérea del herbicida glifosato, vendido por el *trust* californiano Monsanto. Este apoyo financiero sobrepasa hoy en día, al término del 2005, los 3.000 millones de dólares.

Bautizado Plan Colombia, y firmado por Bill Clinton con el presidente Andrés Pastrana en Cartagena el 30 de agosto de 2000, este programa incluye la fabricación de 79 helicópteros, entre ellos 14 Black Hawk, así como la presencia hoy por hoy en el país andino de 8.400 consejeros militares estadounidenses y otros 700 asesores civiles. Bogotá es la seguna embajada norteamericana más importante en el mundo, con dos mil funcionarios en total, después de Bagdad.

En las embajadas se desata un chismorreo sobre la jugada que Bogotá les ha hecho a los franceses. La emboscada sufrida por París es de mal augurio. La presidencia colombiana "está hasta la coronilla" con la presión sostenida por París en el tema Betancourt, según me cuentan en el círculo de asesores de Álvaro Uribe, pero también con las reticencias francesas a vender una línea de montaje para la fabricación de municiones de bajo calibre (*small arms*) a las fuerzas armadas colombianas.

La firma Manhurin, que equipa hoy en día a toda la policía del Hexágono con revólveres de calibre 9 mm, está en buena posición para fabricar el material fabricado por Bogotá. Pero de nuevo la embajada frena en seco en 2004 el negocio para no indisponer a la guerrilla, siempre según la misma fuente francesa.

Y eso que el proyecto planeaba producir en Colombia, a partir de este equipo francés, municiones con la inscripción *Made in Colombia-Indumil* impresa sobre los proyectiles[44]. Las FARC han infiltrado todos los niveles del Estado, y tarde o temprano, aun si las municiones no llevan la sigla *Made in France*, los rebeldes sabrán de dónde provienen las balas que pueden golpear a sus hombres, reiteran en la embajada en la misma época.

El embajador y su jefe el ministro no querían, para nada, poner en peligro un eventual acuerdo para liberar a Íngrid Betancourt.

---

44. Indumil es el organismo del Estado encargado del material militar en Colombia.

En los corredores de la embajada, los funcionarios comerciales se exasperan al no poderle dar curso al pedido de Bogotá para un contrato valorado en millones de dólares.

"Esto es aún más grave si se tiene en cuenta que los oficiales colombianos están hasta la coronilla de depender de los estadounidenses y que desearían un acercamiento con Francia", me susurra, indignado, un oficial de inteligencia militar en 2004. Un requerimiento similar en armas fue hecho de nuevo en noviembre de 2005 por los miembros del estado mayor colombiano durante su visita a París. Hasta ahí, sólo estamos en las migajas en términos de monto de negocios. El perjuicio se comienza a incrementar de manera considerable con un eventual contrato de mantenimiento de seis aviones militares de transporte Hércules c-130 de fabricación norteamericana. Se trata de darles quince años más de vida después de revisiones, reparaciones y modificaciones.

Este c-130, del que han sido fabricados más de 2.000 unidades, es el mismo modelo del aparato enviado por Dominique de Villepin en julio de 2003 en la "Operación 14 de julio" para tratar de rescatar a Íngrid Betancourt en el Amazonas.

Filial de la EADS, la sociedad francesa Sogerma, instalada en Merignac, cerca de Bordeaux, es respetada en el mundo entero por la calidad de sus técnicos en sus trabajos de mantenimiento a los aparatos de este tipo, y dispone de una licencia estadounidense para trabajar en los c-130.

El contrato estaba a punto de serle otorgado, como había sucedido en el pasado, pero los colombianos comenzaron a dudar. Las dudas persistían a finales de 2005. Si Sogerma pierde este pedido, el perjuicio pasará de los 60 millones de dólares.

Aquí tampoco hay que descartar que los americanos ganen el pulso con una oferta más barata. En el marco del Plan Colombia, Washington propuso agregar 30 millones de dólares para el mantenimiento de los seis Hércules por la firma americana Lockheed... Al momento de enviar a la imprenta esta investigación, todo indica que Francia ha perdido ya este contrato, según una fuente militar.

Tercer vendedor de armas en el mundo, Francia tiene hoy más necesidad que nunca de encontrar destino para sus productos, pero se niega a vendérselos a un país sumergido en un conflicto interno como lo es Colombia. Al mismo tiempo, los competidores extranjeros hacen fiestas, sobre todo España.

El ejército colombiano necesita 120 obuses. París dispone del material requerido en calibres 81 y 105, pero este equipo permanece en las bodegas en Francia. Según un agente de los servicios secretos franceses, que me lo contó con la condición de mantener el anonimato, es posible que este mercado no esté del todo perdido.

Francia se ha especializado en la fabricación de "drones", miniaviones a control remoto, de una envergadura moldeable, que pueden alcanzar los seis metros, equipados con cámara. Si vuelan a 1.500 metros de altura, ¡pueden detectar sembradíos de coca a una distancia de 30 km!

"Se trata de un gigantesco mercado potencial", me cuenta uno de los vendedores. Colombia estaba lista en 2004 a firmar un contrato para adjudicarle este suministro a París, que de nuevo hace oídos sordos. Los únicos competidores en este mercado de punta son Israel y Alemania. Su material, copia del modelo francés, realizada por sus espías, es de menor calidad técnica, pero tiene la ventaja de estar disponible, según la misma fuente. "De seguro vamos a comprar material israelí", me confesó un diplomático colombiano en París en octubre de 2005. Sin embargo, Sagem, EADS y Thales están "a tiro" de firmar un acuerdo con Bogotá, según una fuente próxima al proceso.

Colombia otorga una importancia particular a los aviones a control remoto destinados al combate de la droga y de la guerrilla. Estos aparatos de pequeño formato no hacen ruido y son prácticamente imposibles de detectar, mientras que los monomotores utilizados como aviones de detección son un blanco permanente para los rebeldes.

Es así como un C-8, con cinco espías a bordo, fue abatido cerca de Florencia el 13 de febrero de 2003 por un comando de las FARC. Dos de sus ocupantes, un estadounidense y un colombiano, fueron ejecutados por los guerrilleros, y los tres sobrevivientes, todos norte-americanos, seguían en poder de la guerrilla.

Otro C-8 que partió en su búsqueda fue también derribado por el fuego antiaéreo de las FARC el mes siguiente. Los tres estadouniden-ses que viajaban a bordo murieron.

(Como registro para la historia, conviene señalar a este respecto que las familias estadounidenses afectadas por la muerte de sus parien-tes en este asunto me confesaron luego, por medio de un emocionan-te correo electrónico, haberse enterado del trágico desenlace por mis despachos, transmitidos por los cables de la AFP mucho antes de ser informadas oficialmente por las autoridades en Washington D. C.).

En semejante contexto tan explosivo, Francia está a punto de per-der una ocasión de oro: el contrato de mantenimiento de quince bombarderos Mirage 5 de la Fuerza Aérea Colombiana por la socie-dad francesa Sagem. Doce de ellos están ya inmovilizados por falta de mantenimiento.

"Queremos aviones franceses", no deja de repetir en privado el general Carlos Ospina, comandante en jefe de las fuerzas armadas colombianas.

Este alto mando militar había soñado en 2004 con remplazar sus Mirage 5 desuetos por Mirage 2000, pero su costo condujo a Bogotá a preferir en 2005, por razones de economía presupuestal, un lote de 24 aparatos Mirage 5, es decir, los quince actuales y nueve más comprados de ocasión, todo ello después de una reparación integral. Esta cantidad de 24 se explica porque le permitiría a la FAC disponer de dos escuadrones completos. El interés de los colombianos por este material de Sagem es comprensible. De cada Mirage F-5 reacondi-cionado no queda sino la carcasa. Todo lo demás proviene del último grito de la tecnología, ¡la del Rafale!

El general Lesmes, comandante de la Fuerza Aérea Colombiana, pudo subir a bordo de uno de estos aparatos adecuados para Pakistán, durante el Salón de Bourget, cerca de París, en junio de 2005. Quedó a tal punto impresionado, según mis fuentes militares, que abandonó definitivamente la idea de proponer la compra del Mirage

2000, ampliamente superado por el Mirage 5 revisado y corregido. Pakistán posee 130 Mirage 5 reacondicionados, Egipto 80 y Chile 20. La Fuerza Aérea Colombiana no quiere más K-Fir israelíes. "Los oficiales están hasta la coronilla de estos aparatos", me aseguró un intermediario extranjero.

Para las fuerzas armadas colombianas, las prioridades son las siguientes:

1. La reparación de los quince Mirage 5 y la adquisición de nueve unidades más igualmente modernizadas. Costo: 250 millones de dólares. Sería ésta la mitad del precio pedido por los israelíes y los americanos por un material equivalente, de K-Fir y de f-16.

2. Asegurar la defensa antiaérea de seis bases militares (tres de la FAC, dos de la marina y una del ejército), y de una instalación civil estratégica de importancia, el terminal petrolero de Coveñas, en la costa atlántica, al noroeste de Colombia, todo ello con lanzamisiles. En este caso también Francia está bien posicionada, con la sociedad MBDA, con base en Vélizy (al suroeste de París), que fabrica los misiles Mistral de corto alcance (6 a 10 km) montados sobre camiones. Este negocio está valorado en 150 millones de dólares para seis baterías de misiles. La armada colombiana tiene ya misiles de este tipo.

3. Dar una coherencia de conjunto a la Fuerza Aérea Colombiana para un sistema integrado de comando y transmisiones. Es el campo que domina la EADS. Se trata de un proyecto planeado para 2007, con un monto de 250 millones de dólares.

Para todos estos proyectos, Francia habría dado finalmente su visto bueno a principios de noviembre de 2005, con la idea de una venta global a Colombia, tras la luz verde de la CIEM, según me reveló uno de los negociadores con sede en París. Para completar el canasto de regalos ofrecido por el pretendiente a la novia, el comité de garantías de la ineludible Coface (Compañía Francesa de Aseguramiento del Comercio Exterior), sociedad pública instalada ya en cerca de cien países con más de mil millones de euros de ventas al año, se comprometió a financiar el conjunto de estos negocios, por un crédito reembolsable a una tasa de interés competitiva durante un período de ocho años y medio, con tres años y medio muertos a partir de la firma del primer contrato.

Pero en este caso es el presidente colombiano quien refunfuña por cuenta del contencioso acumulado en el caso Betancourt.

¿Por qué darle preferencia a un país que desdeña de hacer negocios de líneas de munición, obuses o aun miniaviones a control remoto, que no cesa de exigir la liberación de Íngrid Betancourt sin tener en cuenta el contexto político colombiano?

Tras el escándalo de septiembre de 2005 sobre los cinco encuentros secretos de Noël Saez (cuatro con el número dos de las FARC, Raúl Reyes, uno con otro comandante guerrillero no identificado) fue anulada una cumbre prevista de tiempo atrás entre los estados mayores colombiano y francés. "No tenemos ya ninguna confianza en los franceses, han dejado de ser nuestros amigos; si es necesario, compraremos en otra parte", les restregaron entonces en la cara algunos suboficiales colombianos a sus homólogos franceses descompuestos. Esta reunión tendrá lugar finalmente en noviembre siguiente, pero sin que ninguna decisión definitiva sea tomada sobre los contratos de venta.

Antiguos colonizadores expulsados que luego se volvieron a meter por la ventana, los españoles, convertidos en los primeros inversionistas en Latinoamérica a principios del siglo XXI, tratan de llenar el vacío.

En abril del 2004, creyeron haber ganado un pulso: venderle a Colombia 50 carros de combate AMX-30, comprados a Francia en los años sesenta por un total de... seis millones de dólares. Cada unidad no cuesta así más que una Mercedes blindada en el país andino. El estado de los vehículos fue verificado por una comisión colombiana en medio de gran secreto. "Era material bueno para chatarrizar", me reveló luego una alta fuente del gobierno.

Si bien Bogotá contempló la compra en aquella época, era para responder a la necesidad estratégica de causar un poco de temor a su vecino del este, Venezuela. Quinto productor mundial de petróleo, con más de tres millones de barriles por día, y miembro eminente de la OPEP, Caracas no deja de atormentar a los colombianos tras la llegada al poder en 1998 de Hugo Chávez, el populista de izquierda, émulo de Fidel Castro.

¿Acaso estos tanques de 36 toneladas no se hundirían en el barro a la primera lluvia en sus presuntos combates contra la guerrilla? Poco importa, se dijeron entonces las autoridades colombianas. Los vehículos estaban destinados a las planicies arenosas de La Guajira, en el norte del país, frente al mar Caribe, para impresionar al turbulento vecino, pensaban en Bogotá.

Pero finalmente el contrato naufragó. Los colombianos tuvieron suficiente de carameleos. Madrid reembaló sus viejos tanques tras la llegada al poder del socialista José Luis Rodríguez Zapatero en el 2004. Pero la "madre patria", tal y como llaman a esta antigua potencia sobre la cual "el sol no se acostaba jamás" en el siglo XVII, no recogió sus fichas después de esta farsa. A fines de noviembre de 2005 firmó, uno tras otro, un acuerdo con Venezuela para la fabricación de fragatas por un monto de 1.700 millones de euros y con... Colombia para la venta de 20 aviones de transporte Casa.

"Parecemos imbéciles", me espeta un empresario francés radicado en Colombia cuando lo entero de este nuevo acuerdo entre Madrid y Bogotá. Él y todos los fabricantes franceses de armamento están condenados a perder uno tras otro los contratos por cuenta del congelamiento del par Villepin-Parfait.

Un oficial francés próximo a estos asuntos no se tragará tampoco sus palabras frente a esta catástrofe anunciada para los empleos de la industria armamentista en Francia: "Por historias de coños, estamos saboteando contratos importantes entre los dos países", se lamenta, con la secreta esperanza de que a los responsables de este desastre sea posible un día pasarles la cuenta de sus actos ante la justicia. "Del catre al calabozo", es el título que imagina desde ya en los periódicos este oficial con una carcajada forzada. Esta rabia contenida se entiende. Según uno de los negociadores franceses, Estados Unidos, todopoderoso en Colombia, como ya lo hemos visto, "no se opone a este tipo de acuerdos entre Francia y el país andino". Pero en París, el bloqueo de Villepin y Parfait sigue firme.

XI

Bogotá se enfurece con París

Colombia contempló seriamente, en febrero de 2004, romper sus relaciones diplomáticas con Francia a causa del asunto Íngrid Betancourt. Este episodio es tan desconocido en el Hexágono que el Quai d'Orsay, frente a mis informaciones de entonces sobre una "grave crisis diplomática" entre los dos países, se apresuró a calmar los ánimos al negar la existencia de semejante conflicto, pero sin poderlo desmentir realmente.

Y eso se debe a una buena razón: dispongo desde entonces de copias del intercambio agridulce de correos entre Bogotá y París el 10 y 11 de febrero[45].

Ante la avalancha de críticas elevadas por la familia de Íngrid Betancourt sobre un presunto "rechazo" del presidente Álvaro Uribe a negociar con la guerrilla un intercambio de prisioneros, Colombia dobló el espinazo por mucho tiempo, hasta el 9 de febrero de 2004.

Ese día, en una entrevista con el diario francés *Le Monde*, Fabrice Delloye, el primer marido de Íngrid, la emprende contra el jefe del Estado colombiano en términos poco apropiados para un diplomático en misión en el extranjero. Delloye era entonces consejero comer-

---

45. Cf. Documentos anexos 5 y 6.

cial de la embajada de Francia en Quito (Ecuador) desde septiembre de 2003.

"Álvaro Uribe ha manipulado a la familia Betancourt", asegura entonces, a propósito del fracaso de la operación francesa de julio de 2003 en Manaos para llevar a Íngrid a Francia. En resumen, el presidente colombiano es acusado por el diplomático de haberle hecho creer a la familia de una posible liberación de su exesposa, madre de sus dos hijos, Mélanie y Lorenzo, que tienen hoy 20 y 17 años, respectivamente.

"Acuso a Uribe de emplear dos raseros, de negarse a negociar con la guerrilla mientras se apresura a hacer la paz con los paramilitares", machaca entonces Fabrice Delloye en alusión a las negociaciones en curso entre las milicias de extrema derecha y el gobierno.

En la misma entrevista, el diario retoma los rumores publicados por el semanario *Newsweek* sobre el pasado de Álvaro Uribe y sus presuntos contactos con el cartel de Medellín cuando era director de la Aeronáutica Civil, luego alcalde de esa ciudad, gobernador y senador.

Estas calumnias, traídas a cuento por Fabrice Delloye, fueron finalmente publicadas sin entrecomillar por el periódico como si proviniesen de la boca del diplomático francés, a pesar del pedido de éste de que no lo hicieran, tal y como me lo aseguró luego por teléfono. Jamás el jefe del Estado ha sido inculpado de esas acusaciones, ni ha sido objeto de la menor apertura de investigación al respecto. "Estas insinuaciones son espantosas", me confió entonces el jefe de informaciones policiales de un país europeo establecido en Bogotá. "Si la menor duda existiese, jamás Álvaro Uribe habría podido ser elegido, se habría sabido la verdad", agrega.

Antes de ser abatido por las FARC en 1983, el padre de Álvaro Uribe tenía efectivamente como vecina a la familia Ochoa.

Apasionados por los caballos, los hijos de las dos familias pasaron sus años de juventud cabalgando sobre estos purasangre, entre ellos los famosos "paso fino", en las montañas de Antioquia. Si el pequeño

Álvaro tuvo entonces como compañero de monte a Fabio Ochoa, ¿quién puede reprochárselo?

Sus caminos no se cruzaron más en la edad adulta. Álvaro escogió la política y Fabio la cocaína. Convertido en uno de los lugartenientes de Pablo Escobar, temible capo del cartel de Medellín, Fabio Ochoa pagó cinco años de prisión en España, antes de volver a Colombia para ser luego extraditado a Estados Unidos en 2002, todo esto por tráfico de droga.

Este "paquete de regalo" de Fabrice Delloye se convierte en la gota que rebosa la copa entre los dos países.

En una carta dirigida por Miguel Gómez Martínez, embajador de Colombia en Francia, al ministro de Relaciones Exteriores Dominique de Villepin, Colombia manifiesta entonces a Francia su "enérgica protesta" frente a estas acusaciones, calificadas por Bogotá como "inaceptables" e incluso como "ofensa directa a la persona del jefe del Estado"[46].

El Quai d'Orsay toma entonces conciencia de la ira colombiana y se apresura a establecer un cortafuegos. El ministro francés responde a la mañana siguiente por correo al embajador, para asegurarle que estas aseveraciones de Fabrice Delloye no son aceptables.

"He pedido de inmediato a mis colaboradores recordarle con firmeza al señor Fabrice Delloye su nivel de reserva, y rogarle atenerse estrictamente a ello", concluye Dominique de Villepin[47].

El embajador francés en Ecuador, François Cousin, es el encargado de transmitir esas observaciones al diplomático en Quito. De hecho, el exmarido de Íngrid va a caer en desgracia. Es llamado a París y debe abandonar la diplomacia.

Egresado de la ENA igual que su amigo "Daniel", tal y como lo llamará en mi presencia en febrero de 2004, François Cousin va a dar prueba de una concepción particular de la información

---

46. Cf. Documento anexo 5.
47. Cf. Documento anexo 6.

de interés público cuando me entero del licenciamiento de Fabrice Delloye por una fuente diplomática francesa, harta también del asunto Betancourt.

"Señor embajador: acabo de anunciar por la AFP el retiro de su consejero comercial en Quito, como consecuencia de sus declaraciones incendiarias. ¿Confirma usted esta información?", le pregunto al embajador.

"¿Y eso qué tiene de noticia? ¿No irá usted a publicar eso? Se va, en efecto, pero este tipo de información no le interesa a nadie", asegura mi interlocutor.

Como muchos de sus pares altos funcionarios en el Quai d'Orsay o en los arcanos del poder en general —presidente, ministro, director de gabinete, prefecto o subprefecto—, se creyó autorizado a tratar de orientar el contenido de la AFP.

En la hora siguiente publicaré la noticia sobre el retiro de Fabrice Delloye. El exmarido de Íngrid, siempre en las primeras filas, nunca volverá a los servicios económicos de las embajadas francesas, ni en Latinoamérica, ni en ninguna parte. Una luz roja fue puesta por Bercy, el Ministerio de la Economía y las Finanzas de Francia, a cualquier nuevo encargo para él en el extranjero, me revela una fuente de ese ministerio en noviembre de 2005.

Al día siguiente del retiro de Delloye, un alto consejero de Álvaro Uribe me revelará que la acumulación de "presiones" de París en el asunto Betancourt exaspera a Colombia. "Estuvimos a un paso de llamar a nuestro embajador en Francia para señalar nuestra desaprobación", me dice. Publico entonces esta noticia: "El caso Betancourt afecta las relaciones entre Francia y Colombia, aun si París se la pasa hablando de un excelente clima de cooperación entre los dos países".

Si hubiesen llamado al embajador colombiano en Francia a consultas en Bogotá, habría sido el eventual primer paso de una ruptura de las relaciones diplomáticas, pero esto no se produjo "gracias a la rápida respuesta de Dominique de Villepin", precisa mi interlocutor.

"Francia no hace más que presionarnos pero no nos ayuda en lo más mínimo", asegura el mismo alto funcionario, que pidió conservar el anonimato.

Se trató entonces de la primera manifestación de irritación de Bogotá frente a Francia delante de un periodista francés.

Este alto funcionario colombiano aprovecha nuestra entrevista de más de dos horas en el palacio presidencial para invitar de nuevo a París a decir si está "dispuesto a recibir en Francia a los guerrilleros de las FARC, en caso de un intercambio entre los secuestrados y los rebeldes detenidos". Esta oferta es entonces objeto de un despacho que publico para la AFP.

Una vez más, París se abstendrá de reaccionar frente a esta solicitud y habrá que esperar hasta el 23 de febrero de 2004, cuando Mélanie Delloye[48] sale del Palacio del Eliseo después de haber sido recibida por Jacques Chirac durante 40 minutos, para saber que Francia está dispuesta a acoger a los guerrilleros.

En efecto, como lo hemos visto, desde el 15 de noviembre de 2002 Colombia propuso a Francia recibir en el Hexágono a cerca de 300 militantes de las FARC encarcelados en Colombia, a cambio de la liberación por parte de los rebeldes de cerca de 1.900 rehenes, entre ellos Íngrid Betancourt, 21 de ellos dirigentes políticos elegidos por voto popular, 47 militares y tres estadounidenses.

Confrontado ya al espinoso asunto de la inmigración clandestina de África, París arrastra entonces los pies durante 16 meses, hasta las declaraciones de Mélanie en el patio del Eliseo. La hija de Íngrid, sin haber sido autorizada de manera expresa, revela que Francia está lista a recibir a los guerrilleros. Conviene destacar que la prensa francesa no deja de publicar la menor intervención de Mélanie Delloye, sin jamás interrogar a su hermano Lorenzo.

La portavoz de la presidencia francesa y futura ministra, Catherine Colona, acude entonces para rectificar y aclarar que si París está dis-

---

48. Hija de Íngrid Betancourt.

puesta a recibir guerrilleros, se trata apenas de "unas pocas personas" liberadas en el marco de un intercambio.

El Plan de París se mantuvo en secreto ante entonces por cuenta de lo modesto que es frente a la propuesta de Bogotá de enviar al Hexágono a 300 rebeldes, una vez liberados de las prisiones colombianas.

Francia tenía en mente recibir si acaso a una quincena de estos guerrilleros... en la Legión Extranjera, como me lo reveló un agente de los servicios secretos franceses en Bogotá. Esta versión se aproxima a aquella ya citada, de una alta fuente del gobierno en París, sobre la recepción parcial de algunos rebeldes en la Guyana Francesa, pero también en otros cinco países: Brasil, México, Cuba, Venezuela y Chile.

Digo que Francia tenía "en mente", porque el proyecto nació muerto de las carteras de los diplomáticos franceses.

El 9 de marzo siguiente, el número dos y portavoz de las FARC, Raúl Reyes, me anunció, en una entrevista que me concedió en el corazón de la selva colombiana, la negativa rebelde de ver partir a Francia a sus militantes encarcelados. "Francia es un país libre desde hace mucho tiempo, nosotros necesitamos a estos hombres para liberar a Colombia", declara. Pero Raúl Reyes no me dará ese día ninguna prueba de supervivencia de Íngrid, a pesar de mis demandas, que incluían la posibilidad de una entrevista a la secuestrada.

En el palacio presidencial de Bogotá, el consejero que tengo frente a mí el 11 de febrero de 2004 ignora todavía este rechazo categórico de las FARC. Si no se hace mayores ilusiones sobre su respuesta, él sabe bien hasta qué punto una negativa rebelde va a molestar al Quai d'Orsay.

En resumen, París habrá aceptado participar en un esquema diseñado por colombianos a partir de una concesión de importancia de Álvaro Uribe para un intercambio humanitario, pero la guerrilla se niega a seguir el juego.

A partir de entonces, parece difícil para Francia acosar al gobierno en Bogotá para exigirle un acuerdo de ese tipo, y sin embargo, París continuará, y de qué manera, quemando todos sus cartuchos hasta bien entrado el 2005 para negociar la liberación de Íngrid. Su diplomacia secreta será atrapada con las manos en la masa por Bogotá con los periplos de Noël Saez para entrevistarse con la guerrilla, revelados en septiembre de ese año.

"Francia debe entender que los secuestradores de Íngrid Betancourt son guerrilleros de las FARC y no funcionarios del gobierno colombiano", articula lentamente este consejero del gobierno de Uribe.

Su indignación tiene que ver con una nueva intervención de París unas horas antes. El secuestro de la franco-colombiana Íngrid Betancourt ha "durado demasiado", acababa de declarar el portavoz del Ministerio de Relaciones Exteriores francés, antes de invitar a Bogotá a un "gesto" humanitario.

Mis preguntas se dirigen ahora hacia un cuestionamiento implícito a Dominique de Villepin. "O Francia peca por incomprensión en este asunto, lo que no resulta creíble, o entonces alguien en su gobierno prefiere no entender dónde está el problema", me suelta sin rodeos.

La pregunta sobre la identidad de este "alguien", detectable con el solo sobresalto de mis cejas, lo lleva a seguir adelante sin que yo tenga tiempo de plantearle la pregunta. "Un señor que es capaz de hacer despegar un avión en tan poco tiempo a semejante velocidad", declara en medio de una carcajada.

La alusión es clara. Henos aquí sumergidos de nuevo en el vodevil de julio de 2003, con Dominique de Villepin y su Hércules C-130 en el Amazonas.

XII

Íngrid, gallina de los huevos de oro para la guerrilla

En su retiro en plena jungla, los jefes guerrilleros se frotan las manos con cada nueva campaña lanzada en el extranjero a favor de Íngrid. El precio de su secuestrada salta, como en la bolsa, sin que ellos tengan que mover un dedo ni proferir la más mínima amenaza.

Si realmente las FARC han pensado alguna vez en liberar a la exsenadora, a partir del aparatoso incidente de julio de 2003 en Amazonia, tomaron la decisión de dar vuelta a la página y borrar de sus agendas semejante acto de clemencia.

En un comunicado publicado en abril de 2004, Raúl Reyes anunció que no habría ninguna transacción para un intercambio de prisioneros durante el gobierno de Álvaro Uribe. El estado mayor de las FARC acaba de confirmarlo el 2 de enero del 2006.

Sin embargo, como el jefe del Estado consiguió, por parte del Congreso, la oportunidad de volverse a presentar a las elecciones del 2006 para un nuevo mandato de cuatro años —lo que confirmó la Corte Constitucional en octubre de 2005—, los rehenes, salvo una operación exitosa del ejército para rescatarlos, estarían ante la inevitable extensión de su drama por varios años más.

Cuando el número dos de las FARC me recibió en la espesa selva de los Andes en marzo de 2004, en algún lugar del sur del país, le costó trabajo disimular un rictus cuando le planteé el tema de Íngrid.

"Si está con vida, goza de buena salud, pero se desespera al no ver ningún avance ante un eventual acuerdo humanitario", me dijo, sentado bajo una carpa de plástico negro para protegerse de las frecuentes tempestades con rayos del trópico.

Con su uniforme caqui apretado al cuerpo, el M-16 puesto a un lado sobre una banqueta, calzado con botas de caucho como todos los guerrilleros, Raúl Reyes no dejó lugar a la menor duda sobre la firmeza del estado mayor rebelde.

A mi pregunta sobre un posible gesto de buena voluntad para responder a los clamores de Francia por la liberación de la excandidata presidencial, no titubeó. "Ella hace parte de un paquete y es indisociable de éste", replicó sin titubeo. El "paquete" no es otro que el grupo de más de mil secuestrados en manos de las FARC. En ningún momento Raúl Reyes me dio la impresión de temer por cualquier operación relámpago del ejército para recuperarla por la fuerza. Los rebeldes no dejan de recordar, a cada ocasión, su determinación de matar a los secuestrados en caso de intervención militar para tratar de liberarlos.

Desde abril de 2004, 18 mil soldados colombianos, apoyados en la sombra por 700 militares norteamericanos, han sido movilizados en el marco del Plan Patriota para matar o hacer prisioneros a los jefes de la guerrilla, en el sur de Colombia[49].

Pero aun si el general James Hill, jefe del Comando Sur con base en Miami, no ahorró elogios el 23 de junio de 2004 para referirse a los éxitos de las fuerzas militares en el marco de este Plan Patriota, en la realidad ningún comandante rebelde había sido neutralizado para entonces, y mucho menos abatido...

---

49. Cf. Documento anexo 7.

Para las FARC, Íngrid secuestrada se ha convertido en la gallina de los huevos de oro ahora que los rebeldes están más obligados que nunca a mantenerse en sus reductos por cuenta de los baculazos de los recursos de Álvaro Uribe. No es ésta la única paradoja producida por el impacto de las movilizaciones, sobre todo en Francia, a favor de la liberación de la secuestrada.

Mientras más sube el volumen del concierto de protestas a favor de Íngrid, hoy mucho más popular en el extranjero que en su propia tierra, más eleva la guerrilla la subasta.

Sin semejante desorden, un acuerdo entre el gobierno y los insurgentes para el intercambio de prisioneros no estaría descartado. Cuando el presidente colombiano recibió a la prensa extranjera el 1º de noviembre de 2002, tres meses después de asumir sus funciones, nos contó una de sus célebres revelaciones, no publicables entonces, sobre su estrategia en la materia: sí a un acuerdo humanitario sin cese al fuego previo ni diálogo de paz.

Si en aquel entonces no quiso hacer públicas estas propuestas, fue a todas luces para evitar un debate en los medios y en el Congreso, que hubiese puesto en peligro sus avances.

El fortalecimiento, al mismo tiempo, de la campaña por Íngrid, fuera de Colombia desbarata sus planes. Si las FARC habían liberado más de 300 soldados contra 14 guerrilleros presos en junio de 2001 al término de negociaciones secretas, no había duda alguna para todos los especialistas en el conflicto de que podían realizar una operación similar en 2002.

Los clamores en el extranjero van a poner a pensar a la guerrilla. Cada nueva iniciativa pública, amplificada por los medios internacionales, va a confirmarle al estado mayor rebelde su certeza de que no tiene en las manos a una secuestrada política de la misma talla que los otros 21 diputados y celadores ya en su poder, sino un verdadero tesoro de guerra.

Las exigencias de la guerrilla no harán más que crecer. ¿No llegan acaso las FARC a pedir un territorio tan grande como Inglaterra para la sola negociación del intercambio?

Los manifestantes partidarios de Íngrid en Francia gritan cada vez más duro, sin prestar la más mínima importancia a este problema de gran tamaño para el régimen colombiano.

¿No han anunciado acaso las FARC su rechazo a dejar partir al extranjero a los rebeldes detenidos, una vez liberados? Los comités de defensa de la secuestrada no tienen nunca en cuenta este obstáculo, y se desgañitan cada vez más con ataques hacia las autoridades de Bogotá frente a la ausencia de un acuerdo humanitario.

En ningún momento los dirigentes de este movimiento por la liberación de Íngrid han denunciado el "extremismo" de las FARC, ni exigido de los rebeldes un gesto, y mucho menos han pedido como prioridad la liberación de todos los secuestrados.

En esta espiral sin fin, el presidente se ha cuidado de no dejarse abatir. El tono de sus intervenciones aumenta cada vez más, hasta el anuncio, el 17 de abril de 2004, de la preferencia dada por Bogotá a un rescate de los secuestrados por la fuerza. En la realidad, el gobierno se cuida de no aplicar esta estrategia: el 14 de agosto de 2002 el ejército había localizado el lugar de detención de Íngrid, pero el ministro del Interior había pedido a la familia Betancourt la autorización de intervenir "para liberarla", y ésta le había sido negada. Bogotá había renunciado entonces a la operación.

El jefe del Estado fue elegido triunfalmente por los colombianos con 54% de los votos en la primera vuelta, el 26 de mayo de 2002, para acabar con la guerrilla y no para hacerle concesiones.

Ahora bien, una liberación de todos los prisioneros de esta organización comunista implicaría un fortalecimiento de la guerrilla. Se trata, en la mayor parte de los casos, de cuadros que las FARC necesitan con afán para fortalecer sus 60 frentes en todo el territorio.

XIII

Álvaro Uribe, ídolo de los colombianos

Colombia nunca ha conocido un presidente tan popular en toda su historia. Después de dos años de su toma de posesión contaba con el 77% de las opiniones favorables en todos los sondeos. Esta alta cota se ha mantenido intacta hasta seis meses antes del término de su primer mandato, que concluye el 7 de agosto de 2006, con cerca del 70% de los apoyos y más del 50% de las intenciones de voto en la primera vuelta de la elección presidencial de mayo de este mismo año.

Todo ello porque Álvaro Uribe salió avante después de ocho largos debates en el Congreso, al obtener la posibilidad de presentarse para un segundo mandato, reforma que fue avalada por la Corte Constitucional el 19 de octubre de 2005.

Levantado desde las cuatro de la mañana todos los días, Álvaro Uribe hace yoga, reza, y toma un desayuno frugal a base de frutas y gotas homeopáticas.

Este "Sarkozy tropical", según los términos de los admiradores francófilos, es capaz de llamar por teléfono desde antes de las seis de la mañana a los comandantes de los principales batallones para conocer en detalle todas las operaciones en curso, y en ocasiones repite este esquema a mediodía y luego a las seis de la tarde. Nunca se duerme antes de medianoche. "Lo veo apenas unas 20 horas por semana", me confió su esposa, Lina Moreno de Uribe.

Este ritmo frenético espanta a la primera dama, una diplomada en filosofía que sólo sueña con su retiro en Rionegro, sobre las montañas cercanas a Medellín, para criar allí caballos, gallinas y patos, y sobre todo para "aprender a hacer pan" en su hacienda sin pretensiones.

Al menor fracaso de la tropa, la cuchilla cae, y suboficiales y oficiales lo saben. Seis de ellos fueron licenciados en marzo de 2004 en Neiva, capital del departamento del Huila, en el sur, tras la toma de un inmueble y el secuestro de tres de sus residentes por parte de la temible columna Teófilo Forero, de las FARC.

Cada sábado, Álvaro Uribe preside un consejo llamado "comunitario", en una ciudad diferente, ante un centenar de funcionarios de elección popular, autoridades locales y jefes de asociaciones y gremios.

Estas reuniones públicas, en las que todo el mundo puede tomar la palabra, no duran nunca menos de ocho horas, sin intermedio alguno para almorzar, así como lo pude confirmar en varias ocasiones. Álvaro Uribe escucha, invita a sus ministros a responder, se convierte en moderador, mastica maní, interviene sobre un punto preciso, come frutas, sólo bebe agua, toma sus misteriosas gotas, y únicamente sale de la sala un par de veces en la jornada para ir al baño.

El 14 de mayo de 2004, el número 66 de estos consejos durante 21 meses de mandato, tuvo como escenario a Cúcuta, en la frontera con Venezuela, donde será detenido en diciembre del mismo año el "canciller" de las FARC, Rodrigo Granda. Sus enemigos de izquierda reprochan al jefe del Estado su papel demasiado administrativo de "superalcalde de Colombia", entre preguntas sobre el alcantarillado domiciliario, redes de acueducto o carreteras de circunvalación, y de no consagrarse más a resolver la deuda social. Dedicado de cuerpo y alma a su objetivo de sacar al país del marasmo, al presidente todo esto lo tiene sin cuidado, y es así como se multiplica en todos los frentes sin preocupación alguna por descansar. Sus prioridades sobre el retorno de la autoridad le han permitido a Colombia alcanzar un

crecimiento económico promedio del 4% anual, a pesar de los atentados, los secuestros y las ofensivas rebeldes, que se redujeron 30%
en dos años.

Su estado de salud está protegido por la confidencialidad, pero el
peso de su dedicación permanente a los asuntos del Estado desató
en él, a fines de 2003, un principio de depresión. Sus consejeros
lo vieron a veces abatido, incluso al borde de las lágrimas, dando
la impresión de no poder sacar adelante a este país exangüe. Pero
esta crisis no parecía ya más que un mal recuerdo en 2004, como lo
testimonia su intervención sin precedentes en una radio bogotana el
19 de abril.

Un senador liberal lo había acusado de designar en puestos diplomáticos a algunos allegados, y el presidente decidió él mismo llamar
al estudio y contestar en directo los cuestionamientos, no sin antes
calificar a su contradictor de "marrullero", poco antes de excusarse
por ello.

Una mañana de noviembre de 2005 respondió por su teléfono
celular a las preguntas de Radio Caracol durante 90 minutos.

En medio de su efervescente actividad, este hombre austero de 52
años se vuelve a veces irascible cuando el país no avanza a la velocidad que él quiere imponerle. En 2003, llegó incluso a maltratar en
público a un representante a la Cámara al insistir sobre sus tendencias femeninas.

De baja estatura, un mechón a lo Tintín en su cabello ya canoso
y la tez grisácea típica de los que duermen mal, Álvaro Uribe impone
siempre su mirada azul acero, clavada sobre el objetivo. Sus sonrisas
furtivas sólo rara vez desembocan en una carcajada. Tan preocupado
se le siente por el futuro del país, que se niega a ceder a los momentos de distensión por miedo de quitarles un solo segundo a sus
conciudadanos.

"Trabajar, trabajar y trabajar": ese es el *leitmotiv* de este jefe de
Estado desde su investidura en 2002. Nunca antes un presidente
había entregado todas sus fuerzas en la historia de este país, fundado
por el Libertador Simón Bolívar e independiente desde 1819, tras la

derrota de los ocupantes españoles en el puente de Boyacá, al norte de Bogotá. Y eso que su mandato no se inició con los mejores augurios ni a través de un lecho de rosas. El 7 de agosto de 2002, a la hora fijada para su toma de posesión, Álvaro Uribe se sienta en el recinto del Congreso, tomado de la mano de su esposa Lina, al lado de sus hijos Tomás y Jerónimo.

Un ruido sordo hace que Lina levante la cabeza y que imagine algún fuego artificial lanzado por los admiradores de su esposo. No le pone menor cuidado, tampoco el presidente, hasta que un militar de alto rango corre hacia él, para murmurarle algunas palabras al oído. En el salón, los 300 invitados de importancia, venidos del mundo entero, comienzan a preguntarse con la mirada, entre ellos Renaud Muselier, secretario de Estado francés para las Relaciones Exteriores.

Catorce rockets acaban de caer sobre Bogotá y uno de ellos fue hallado sobre una cornisa del palacio presidencial. El balance: 22 muertos y más de 200 heridos, la mayoría de ellos en un barrio miserable situado a 400 metros del Congreso...

Así fue como las FARC saludaron, muy a su manera, la ceremonia de posesión y transmitieron un mensaje inequívoco sobre su determinación de seguir adelante su lucha bajo el mandato de un presidente decidido a derrotarlos, como lo había anunciado claramente durante la campaña electoral. Un comando de esta guerrilla había logrado instalar una verdadera batería artesanal de lanzacohetes del tipo Staline sobre la terraza de una residencia, a seis kilómetros del Congreso.

Dos días después pude ver los 80 lanzacohetes capturados por los servicios secretos en la sede del Departamento Administrativo de Seguridad (DAS). Este mismo edificio fue reconstruido después de un terrible atentado en 1989, cuando un bus bomba conducido por un lugarteniente de Pablo Escobar hizo saltar su fachada, en una acción que dejó más de cien muertos.

Los tubos, de un largo de dos metros, habían sido fabricados con la ayuda de un molde importado de Bulgaria, en un escondite de la guerrilla en Bogotá. Los rockets también habían sido preparados en esa misma guarida. Las FARC disponen no sólo de combatientes rurales, sino de milicias urbanas. Estas fuerzas subterráneas están activas o alerta hasta la hora H de un acción terrorista concreta exigida a estos "topos" por el estado mayor rebelde, gracias a una red secreta de informantes.

Tales apoyos están infiltrados en todas las capas de la sociedad, entre éstas el más alto nivel del ejército, la policía y los funcionarios de elección popular, sin hablar de los bancos. Los comandantes de las FARC pueden revisar numerosas cuentas corrientes del país en sus computadores portátiles.

Los 94 lanzacohetes del 7 de agosto estaban ligados entre sí por un sistema de detonación de mecha lenta, activada a distancia por un teléfono celular. Sólo un milagro, o más bien el efecto de la naturaleza, impidió una catástrofe mayor.

El pedestal sobre el que reposaban los tubos, de simple tierra pisada, se removió por el culatazo de los primeros 14 cohetes. Los sacudones terminaron por desconectar la mecha y evitar la lluvia dantesca de 80 rockets sobre la capital de Colombia. Esta advertencia no asustó al presidente, acostumbrado al horror. Al igual que sus compatriotas. No conozco, lo repito, una sola familia colombiana que no haya sido golpeada por la muerte de los suyos o por un secuestro. El balance anual "mejora", pero sigue siendo un récord con 22.000 muertes violentas y más de 2.000 secuestros en 2003.

Para comprender esta entrega cotidiana al trabajo demostrada por el jefe del Estado hay que buscar la clave en Medellín, segunda ciudad de Colombia con tres millones de habitantes. Es la capital del departamento de Antioquia, el más industrial del país. El del presidente.

En el extranjero, la sola evocación de esta capital de la cocaína bajo el imperio de Pablo Escobar, hasta su muerte sobre un tejado tras haber sido abatido por la policía el 22 de diciembre de 1993, aún estremece hoy en día, mientras que la belleza del lugar sigue sorprendiendo a los escasos turistas que deciden aventurarse en ella.

Los clichés tienen larga vida, en especial para Medellín más que para cualquier otra ciudad, con su cortejo fúnebre de 500 policías ejecutados por los sicarios de la mafia entre 1989 y 1993.

Bautizada como la "ciudad de la eterna primavera", por su clima templado de alrededor de 22 ºC durante todo el año, Medellín está enclavada a 1.300 metros de altura en un valle rodeado de montañas tropicales que le han valido otro sobrenombre, el de la "tacita de oro".

Tras el desmantelamiento del cartel de Pablo Escobar la ciudad ha revivido con orgullo, lo que da la medida de su potencial creativo.

La industria textil y de confecciones, especialmente la dedicada a la fabricación de ropa interior femenina exportada al extranjero, experimenta un crecimiento constante, y cuenta como embajadoras de estas marcas con algunas de las más hermosas mujeres de Latinoamérica. Coltejer posee tal fortaleza que financió en parte la campaña electoral de Álvaro Uribe, pero también la de Íngrid Betancourt, en las presidenciales de 2002. Esta práctica, tal como sucede en Estados Unidos, no tiene ningún carácter de ilegalidad mientras sea declarada a las autoridades.

Medellín posee otro as en la manga. Sus muchachas, las paisas, tienen fama de ubicarse en las más altas cumbres de la belleza gracias al equilibrio de sus curvas, al punto de provocar los celos de las bogotanas, hermosas pero de caderas estrechas.

Desgraciadamente para Álvaro Uribe y para Colombia, su imagen en el extranjero está empañada, léase ennegrecida, en ocasiones sobre banderas con cruces gamadas, por cuenta de ONG de credo estalinista, o simplemente dispuestas a transformar a todo intelectual político de izquierda en víctima del sistema capitalista. Esas organizaciones llenan, de manera totalitaria, el vacío dejado por el gobierno en la información al público.

XIV

Rebelión en el corazón del Estado francés

Con estas historias del corazón desconocidas para el gran público, el asunto Betancourt se asemeja extrañamente a una interminable muñeca Matriochka. Cuando se abre esta caja de Pandora, los secretos de alcoba no paran de subir a la superficie. Cuando ya creía haber terminado mis descubrimientos sobre el tema "el corazón tiene sus razones que la razón (de Estado) no conoce", mis contactos en París afloraron esta vez con otras revelaciones en cadena, como una reacción nuclear.

En septiembre de 2005, una nueva crisis estalla públicamente entre Francia y Colombia a propósito de Íngrid. Se conoce entonces que un emisario francés tuvo contacto reciente con Raúl Reyes en la selva andina. Es la cabeza del Partido Comunista colombiano en persona, Carlos Lozano, quien lo revela en Colombia, después de la "chiva" del diario *La Hora* en Quito (Ecuador), en una entrevista para la revista *Semana*.

Como en el caso del escándalo del Hércules C-130 en Manaos, Bogotá no fue avisada por París, según mis fuentes colombianas. El gobierno Uribe se enoja de nuevo. Si una vez más esta crisis se va resolviendo con el paso de las semanas, en una voluntad común por no romper relaciones, la desconfianza de los colombianos se acrecienta, y aturde aún más a su presidente en lugar de ayudar a resolver el problema de los secuestrados. París quiso salvar a Íngrid, pero sus negociaciones paralelas se bloquean, por lo menos para otro nuevo período. Me refiero a los múltiples contratos militares de nuevo congelados.

Oficialmente, el emisario francés se encontró con un portavoz de las FARC en tres ocasiones. Pero esta cuenta no corresponde a la realidad. Fueron cinco reuniones las que tuvieron lugar, ¡me reveló un agente secreto francés encargado de manejar el archivo para la DGSE! Cuando le comenté estos encuentros a Miguel Gómez Martínez, el embajador colombiano en Francia, luego de una larga entrevista en octubre de 2005, quedó desconcertado. Como no podía imaginar que disponía de una cifra distinta sobre el número de encuentros secretos, espero no haberle echado leña al fuego... del estado de emergencia en Francia, es decir, ¡a meterme en la seguridad de Estado!

Detengámonos un minuto, pues vale la pena ver la ley de excepción en vigencia en la patria de los derechos del hombre. Prolongada por tres meses el 19 de noviembre de 2005 por la Asamblea, después de haber sido decretada por el primer ministro Dominique de Villepin diez días antes, el 9 de noviembre, frente a las revueltas en los suburbios, ¡el estado de emergencia permite efectuar allanamientos nocturnos sin orden judicial!

Es exactamente el mismo tipo de ley que Álvaro Uribe había decretado el 12 de agosto de 2002 en su país, cinco días después de su investidura.

Sin embargo, el 29 de abril de 2003, la Corte Constitucional de Colombia declaró inconstitucional esta medida; entonces, ¡el presidente la retiró de inmediato!

Paradójicamente, el 1º de enero de 2006, el estado de emergencia continuaba vigente en Francia, país en paz, pero no en Colombia, ¡nación en guerra!

Frente a ello, el cantante francés Renaud calificó al Estado colombiano de "fascista"[50], igual que a las FARC, a pesar de recibir informaciones sobre Colombia por parte de Astrid Betancourt, quien no ignora la realidad de su país. Ella se encontraba en el estudio cuando Renaud repetía la canción en honor de Íngrid, tal como nos lo mostró la televisión francesa.

Las revelaciones sobre las negociaciones secretas de Francia con las FARC sacudieron el escenario diplomático en septiembre de 2005. Pero sólo la punta del *iceberg* había sido publicada. El resto del hielo tiene la apariencia de una bomba, pues nos encontramos frente a una especie de rebelión en el corazón del Estado.

En noviembre del 2005, una delegación de los Verdes franceses participa en Bogotá en una reunión internacional de ecologistas sobre el tema de los rehenes. Exigen, para resumir, la liberación inmediata e incondicional de Íngrid Betancourt. Para ellos, este tema es un "asunto entre los Verdes y las FARC", antes que cualquier operación humanitaria.

Delante de Sergio Coronado, portavoz de los Verdes y consejero de Noël Mamère, el embajador de Francia en Bogotá, Camille Rohou, nombrado un año antes en remplazo de Daniel Parfait, se despacha en voz alta a describir la forma como ha sido tratado el asunto Betancourt desde sus inicios. Termina por criticar la "gestión sentimental y afectiva" asumida por Francia en este tema, y estima que el método empleado hasta ese entonces "no tiene ningún sentido".

Son fielmente los términos de sus comentarios como me los contó Sergio Coronado. Los propósitos del diplomático fueron oídos también por otro testigo con quien me pude encontrar en París. Dudé en publicar la identidad del embajador, por evitar que lo llamaran de París aquellos que están justamente en el origen de lo que desgraciadamente toca llamar el escándalo Betancourt. Pero citarlo, en este

---

50. Cf. Documento anexo 8.

contexto explosivo, me parece que es la mejor manera de protegerlo. Pues más allá de esta guerra franco-francesa entre los diplomáticos de formación y el círculo Betancourt, una pregunta queda pendiente en el espíritu de todos, incluso si aun no ha sido pública: ¿quién dirige el *dossier* Betancourt en París?

En la misma conversación, Camille Rohou confiesa, según Sergio Coronado, que la embajada en Bogotá no fue puesta al tanto por el Quai d'Orsay de las negociaciones secretas hechas por París con las FARC en 2005, ¡al menos en lo que concierne a los cinco encuentros! ¡La tapa en la diplomacia mundial! Esta revelación me será confirmada por otra fuente en París. Los diplomáticos franceses en Bogotá tampoco habían sido informados, tanto que la madre de Marc Beltra, el joven estudiante francés que desapareció desde diciembre de 2003 en el sur de Colombia, seguramente también rehén de las FARC, ¡se encuentra desde febrero de 2004 en un hotel de Leticia, al borde del Amazonas, en una búsqueda desesperada de su hijo!

La crisis estalla el 23 de septiembre de 2005 con la publicación de una nota verbal oficial de "protesta" dirigida de Bogotá a París, en la que se denuncia la injerencia de Francia en asuntos internos de Colombia. Los movimientos diplomáticos se alargarán hasta el 28 de septiembre, cuando Carolina Barco, ministra colombiana de Relaciones Exteriores, da por "cerrado" el incidente. Le pide de todas formas a París respetar las "reglas establecidas", es decir, informar con anterioridad al gobierno de todo nuevo contacto, que autoriza en principio, con las FARC. En tres ocasiones esta regla, establecida desde la primera visita de Noël Saez a las FARC, según Bogotá, no había sido respetada y el embajador francés en Bogotá tampoco había sido informado de estos tres últimos encuentros secretos, según una alta fuente. Sólo los dos primeros encuentros habían sido conocidos por las autoridades.

Se comprende así mejor la ira de los diplomáticos franceses en Bogotá cuando descubren las primeras revelaciones sobre los tres contactos secretos de Saez con jefes guerrilleros por la prensa, en julio de 2005. El embajador mismo les habría revelado a sus consejeros en Bogotá que se enteró de estas tres últimas negociaciones ¡por el periódico!

Abandonamos aquí a los Pies Niquelados para hundirnos en los arcanos del poder, desconocidos también para la opinión pública, como a continuación demostraremos.

Una vez pensionado en septiembre de 2004, Noël Saez decide no dejarse humillar por la cachetada de Manaos, que aún no ha digerido. Todavía recuerdo su ira en la oficina de la carrera once en Bogotá, cuando eructaba onomatopeyas contra Parfait, Villepin y sus acólitos.

Como no pudo hacer realidad su objetivo soñado de volverse consultor de la ONU, entonces toma contacto con el Ministerio de Relaciones Exteriores en París. Inmediatamente anuncia que va a hablar con las FARC por la buena causa, porque es reconocido, por estos rebeldes, afirma, con los que no ha parado de dialogar por correo.

Noël Saez fue uno de esos raros agentes que la DGSE mantuvo en Latinoamérica. A su servicio, lo llegaron a apodar "008", por lo mucho que le gusta copiar la imagen de James Bond, su ídolo de vieja data.

De buen porte, su voz grave teñida de un suave acento del sur se sostiene íntegro y, sin demostrarlo, anunciaría a mediados del 2004 que filmará un día la película de su vida, teniendo como actor ni más ni menos que a Jean Reno.

Sus detractores exageran: olvidaron darle el crédito de una virtud en este raro medio, porque queda, a mi parecer, como simpático.

Los artificios de su función a veces se le suben a la cabeza, cuentan aquellos que lo conocieron en otro tiempo en El Salvador, cuando se hacía servir a la mesa por los *maîtres* de los hoteles con guantes blancos. Pero ¿quién le botará la primera piedra, en un país boyante de aristocracia donde, como lo he reiterado, todo da pie a la adulación?

Noël exagera de cuando en cuando, me confía uno de sus viejos amigos, cuando describe, por ejemplo, que "¡los cohetes atravesaban el salón en El Salvador!". Este gusto innato por el espectáculo de Noël atrae a los espectadores, entonces habla de más y se presenta en el 2005 como "el enviado especial de Jacques Chirac" en Colombia, para que lo admiremos, cuando el silencio es oro en un asunto de tal magnitud. Incluso la AFP saldrá de su reserva el 24 de septiembre de 2005 para atribuir esta crisis entre París y Bogotá a la "falta de discreción del negociador francés", pero también "a las declaraciones incendiarias contra el gobierno colombiano de la familia de Íngrid Betancourt".

En el Quai d'Orsay, Daniel Parfait reina por encima de todo. Encabeza la poderosa dirección de las Américas y del Caribe. Los burlones le atribuyeron inmediatamente el título de "director de Colombia y las Américas". Después de sus dos primeros encuentros con Raúl Reyes a fines del 2004 e inicio del 2005. Noël Saez insistió, la jerarquía prevaleció, para finalmente inclinarse y avalar su proyecto de nuevos reencuentros con los comandantes de las FARC, perjudicando finalmente al embajador de Francia en Bogotá, informado por la prensa de lo que tramaba a sus espaldas su propio ministerio.

En esta guerra de jefes ya no sabemos quién empezó, pero los choques inducidos producen remolinos. Casi llegando a la edad de pensionarse, Camille Rohou acabará su carrera diplomática en Bogotá en mayo de 2007. Entonces, ya no hace nada para congraciarse con aquellos que lo dirigen.

En mayo de 2005, una reunión internacional se lleva a cabo en Cartagena de Indias. Daniel Parfait representa a Francia. El embajador no se presentará ni a su llegada ni a su partida ante el director de las Américas, desafiando la etiqueta, sino que enviará a su número dos e incluso al tres en los dos casos. Camille Rohou comprendió desde su posesión la incongruencia del conflicto de intereses, o mejor aún, del conflicto de corazón, en el asunto Íngrid. "Voy a 'desbetancourtizar' las relaciones entre Francia y Colombia", les repitió a sus colaboradores.

Nadie le botará la piedra en la embajada. Es mucho más apreciado que Daniel Parfait, y eso es un eufemismo. En este nuevo desafío, el embajador Camille Rohou parece haber reencontrado la "pugnacidad de su juventud", me confió recientemente una alta fuente diplomática en Bogotá.

La crisis de otoño de 2005 no estaba del todo cicatrizada cuando nuevas nubes se amontonaron en los recovecos de las sulfurosas iniciativas para el equilibrio de la geopolítica y el desorden absoluto en las altas esferas del Estado francés.

XV

El CD explosivo de las FARC

"¡Estamos aburridos del conflicto franco-francés en el asunto de los rehenes en Colombia!", exclamó delante de mí un alto funcionario colombiano en octubre de 2005 en París. ¡Hacía evidentemente alusión a lo que una de mis fuentes francesas apodará "la guerra de los Galos", un año más tarde!

Se trata de la lucha intestina que libran actualmente el primer ministro Dominique de Villepin y su ministro de Estado, Nicolás Sarkozy, en su afán por obtener la candidatura de la UMP para la elección presidencial de 2007.

A propósito, el diplomático colombiano se refiere a un hecho preciso, que pasó inadvertido para la prensa francesa de la época, pero de una gravedad indiscutible: el Foro de Biarritz, una iniciativa francesa. Este simposio tenía como escenario la ciudad de Bogotá, a finales de septiembre de 2005, para desarrollar las relaciones entre la Unión Europea y América Latina.

François Fillon, exministro de Educación, representó al partido de derecha mayoritaria en Francia, la UMP (Unión por un Movimiento Popular), presidido por Nicolás Sarkozy. Pero Fillon tiene la dicha —o mejor, la desdicha— de ser sarkozysta y, por tanto, enemigo directo de Villepin y de Jacques Chirac.

A última hora el presidente francés, que no le perdonó nunca a Sarkozy el haber apoyado la desgraciada candidatura de Édouard Balladur contra la suya en el seno de la derecha, en las presidenciales de 1995, toma una decisión paralizante: envía a Bogotá a una exsecretaria de Estado para los Derechos de las Víctimas, Nicole Guedj. Esta dama no musita una palabra de español, pero ¡qué importa! Es fiel a Jacques Chirac. Está encargada de pronunciarse en nombre del jefe de Estado francés. Ignorando plenamente a su anfitrión, el presidente colombiano, pronuncia delante de él una alocución dedicada a todos los rehenes, e insiste en exigir una acción a favor de su liberación, cuando de lo que se trataba era de abordar el tema de la cooperación entre los dos continentes. Lo peor, sin embargo, pudo evitarse. Según una fuente diplomática francesa, el texto original, preparado por el Eliseo o por Villepin mismo, contenía unos términos de tal desprecio por Colombia, que el embajador francés tuvo que bajarle el tono después de haberlo revisado. ¡Pero la alocución de Nicole Guedj no contiene ningún llamado a las FARC, responsables de tales detenciones!

François Fillon comprende bien el mensaje y se queda quieto. Fue maniatado por Jacques Chirac, decidido a hacer lo necesario por torpedear la mínima acción susceptible de servirle a la candidatura de Sarkozy para el escrutinio presidencial de 2007.

Los colombianos, furiosos, no olvidarán pronto lo que consideran una nueva afrenta, casi un "insulto", según el término utilizado por un agente secreto francés cercano a este *dossier* ardiente desde hace más de cuatro años. Álvaro Uribe recibirá, de todos modos, para el desayuno a Nicole Guedj, antes de su regreso a París, para probarle que la buena educación no sólo viene de ese lado del Atlántico. Al exministro Fillon también le quedará grabada esa imagen en la memoria. Ya había salido del gobierno con la llegada como primer ministro de Dominique de Villepin, antes de volverse una de las manos derechas de Sarkozy en la guerra fratricida en curso.

Y todavía no acaba... Apenas llegada a Bogotá, Nicole Guedj había llamado a la AFP de París para dictarle a la sección de política el texto de su intervención en Colombia, como si la agencia no dispusiera de corresponsales en este país latinoamericano.

Esto demuestra, por tanto, el grado de prioridad conferido a la cuestión Betancourt por el poder en Francia, una vez más, bajo la presión permanente de Dominique de Villepin.

Pero ya una cereza sobre la torta aparece en este asunto Betancourt. Ya no es un fruto único, ¡sino un verdadero tortazo! Una sorpresa de talla mayor les espera a los 250 delegados internacionales al mismo Foro de Biarritz, presidido por el senador-alcalde del balneario francés, Didier Borotra, luego de una recepción oficial.

Simultáneamente con los pequeños pasabocas y cocteles que se les ofrecen a los invitados, un CD ROM es distribuido por unos desconocidos de todos los participantes. Hasta ahí, nada demasiado anormal, porque los estados, regiones y empresas no dudan en aprovechar estos encuentros de personalidades para hacerse publicidad. Pero cuando introducen el CD en sus computadores, los delegados se llevan la sorpresa de encontrar un mensaje de... Raúl Reyes en persona, número dos de las FARC, que se les dirige, en el Foro de Biarritz, ¡para explicarles y promover el combate emprendido desde hace 40 años por la guerrilla!

XVI

La guerra de los Galos golpea
a Colombia

En la conducción de las acciones para intentar la liberación de la rehén, todo se removió de repente en la primavera de 2003, luego del veto puesto por Francia a una intervención de la ONU en Iraq. Situémonos en el contexto de la época. Coronado por su indudable éxito frente al Consejo de Seguridad el 14 de febrero de 2003, Dominique de Villepin se convierte en el héroe del tercer mundo.

En América Latina, donde persiste un clima antiestadounidense, es entonces adulado por los medios de comunicación. Un consejero del presidente colombiano me llama por teléfono a mi oficina de la AFP en Bogotá, una semana más tarde, para "¡felicitar a Francia!". Uno comprende que el ministro de Relaciones Exteriores tuviera dificultades para mantenerse con los pies en la tierra, pero sus alas de gigante, en lugar de ayudarle a Íngrid a cruzar el oceano, van a impedirle caminar hacia el triunfo que se le escapa a tal rescate.

Hasta aquí fue la DGSE, en contacto estrecho con el Eliseo, la que gestionó el asunto Betancourt, en un clima de comprensión mutua entre París y Bogotá. El 23 de febrero, en la noche, la presidencia francesa llamó a su homóloga colombiana cuando se conoció la desaparición de Íngrid. Ignorábamos todavía que había sido secuestrada, porque Alain Keler y Adair Lamprea, que anunciarían la noticia, no fueron liberados sino a la mañana siguiente. El Eliseo no parará de estar en contacto con Bogotá, todo el 24, para informarse de los detalles del secuestro.

Tuve un largo encuentro con un agente de la DGSE encargado de los contactos con las FARC mucho antes del secuestro de la candidata de Oxígeno, hasta que se retomó el tema en marzo de 2003. Su testimonio resulta elocuente. Mis comentarios están entre paréntesis:

No habíamos tenido problema con ninguna de las partes en conflicto hasta que Dominique de Villepin retomó el tema en la primavera de 2003. Yo había tenido conversaciones con Raúl Reyes en diversas ocasiones, antes de la ruptura de las negociaciones de paz el 20 de febrero de 2002, en la zona desmilitarizada del Caguán, así como con oficiales del gobierno colombiano de la época. Después del secuestro de Íngrid, Francia trató de obtener su liberación, como lo haría con cualquiera de sus compatriotas, ya que tenía un pasaporte francés desde su primer matrimonio.

Retomar el contacto con la guerrilla se convertía en algo indispensable para sacarla de allí. Pero no era cuestión de hacer citas secretas con las FARC de mi parte. Habría sido fácilmente rastreado. Esto no era un problema. Un amigo colombiano, antiguo negociador de un acuerdo con otro grupo guerrillero, se declaró listo a lanzarse de nuevo al ruedo (no publico el nombre de este intermediario, que me fue dado por la misma fuente, por evidentes razones de seguridad).

Entre marzo de 2002 y marzo de 2003, fui media docena de veces a Colombia, sin jamás establecer contacto alguno con la embajada de Francia local. Frecuentemente llegaba de París al final de la tarde al aeropuerto de Bogotá, para volverme a ir a la mañana siguiente a Francia. Esas pocas horas me eran suficientes para darme una idea, eliminar otras o encontrar noticias, con mis interlocutores sucesivos. De esta forma, me encontré, por ejemplo, con Martha Lucía Ramírez, en ese entonces ministra de Defensa (renunciará en el 2003 por haber querido controlar, según una alta fuente militar, los fondos de gasto de las fuerzas armadas, y poner así fin a la corrupción generalizada en las altas esferas del estado mayor), y con mi contacto con las FARC, que llamaremos "el padre tranquilo".

Con este clima de confianza, creí tener entonces todas las condiciones para llegar a un acuerdo con la guerrilla. En su combate contra el terrorismo y el tráfico de droga, el ejército colombiano necesita reforzar su armamento, remplazar equipos ya obsoletos y adaptarse a las dificultades de acceso en ese país de tres cordilleras.

La ministra de Defensa me transmitió las necesidades detalladas de tres tipos de armas[51], para que las ofertas pudieran ser hechas de París a Bogotá, bajo el control de la Comisión Interministerial de Exportación de Material de Guerra (CIEM)[52].

No solamente Martha Lucía me proveyó esa lista, sino que me reveló, desde septiembre de 2002, que Astrid Betancourt estaba muy cerca de nuestro embajador en Bogotá, Daniel Parfait[53]. Transmití esta información, importante dentro de este contexto, a la junta de la DGSE. ¡Los jefes no lo creían!

A cambio de las negociaciones que vendrían sobre las ventas de armamento, obtuve del gobierno colombiano lo que Martha Lucía calificó de "benevolencia negligente" frente a los contactos que yo deseaba iniciar con la guerrilla para negociar la liberación de Íngrid, a través de nuestro intermediario, "el padre tranquilo".

Una primera aproximación había llevado a la siguiente demanda de las FARC:

• El retiro del apelativo que los golpeaba en el ámbito internacional desde la decisión de la Unión Europea en la cumbre de

---

51. Cf. Documento anexo 9.

52. Es necesario recordar que Francia como nación no vende armas. La CIEM está encargada de dar la autorización de las negociaciones y después la venta de material relacionado con el armamento, incluso los pernos; cientos de *dossier* permanecen sin procesar.

53. Cf. Documento anexo 10.

Madrid con América Latina, en mayo de 2002, de calificarlas de organización terrorista, a imagen y semejanza de Al Qaeda.

• La posibilidad para los rebeldes de abrir una oficina en Costa Rica.

• Una recompensa económica.

(Este agente de la DGSE respondió negativamente a mis repetidas preguntas sobre una entrega de armas en el marco de tal acuerdo. Otras fuentes francesas acordes, conocedoras de las realidades financieras de la guerrilla, afirman que las FARC no necesitan ni armas ni dinero. Los rebeldes reciben más de 200 millones de dólares al año por el tráfico de cocaína).

Nuestro "padre tranquilo" debía presentarse en la primavera de 2003 a la junta de la DGSE en París desde Bogotá, luego de una escala en Madrid. Habíamos previsto esperarlo en la puerta del avión a su llegada a Roissy para llevarlo por una puerta escondida, y así sustraerlo a la mirada de los curiosos.

Todo este escenario se desvaneció de repente con la súbita intromisión de Dominique de Villepin y Daniel Parfait sobre el *dossier* a partir de marzo-abril de 2003. Nuestro hombre en Bogotá se devolvió a la sombra, y no pude volver a saber del *dossier*. Una inquietud permanente se instaló en Bogotá y las crisis no se detuvieron. Los dos compadres se enloquecieron de manera increíble en su contacto con Bogotá, listos a imponer su línea, y continuaron a pesar del último escándalo sobre los cinco encuentros del emisario Noël Saez con las FARC.

La misión de este agente acabó, pero la farsa de Manaos, ya contada, tuvo lugar en julio del mismo año 2003. Para este espía, la causa del fracaso debe buscarse en la precipitud con la cual se llevó a cabo la operación. Y esta premura tiene un nombre: Sarkozy.

Convertido en el más popular de los ministros, que pretendía —y sigue pretendiendo— abiertamente suceder a Jacques Chirac, el titular del Interior finalmente pudo cuadrar, en julio de 2003, un viaje a Bogotá, aplazado en diversas ocasiones, para firmar un acuerdo con los ingleses y los españoles en el marco de la lucha antidrogas común en el corazón del Caribe.

De repente, Dominique de Villepin, que acababa de enterarse de la existencia de este próximo viaje a Bogotá de Nicolas Sarkozy, entró en pánico, como esta investigación lo mostró en el primer capítulo. El ministro de Relaciones Exteriores tal vez se imaginó que... ¿será?... ¿quién sabe?... en fin... ¿Este diablo de Sarkozy no habrá montado una operación para ir a buscar a Íngrid en Colombia? ¿Por qué el ministro del Interior fletó el último modelo, nuevecito, del avión europeo Airbus para su viaje a Colombia?

Es por esto por lo que según este agente, para evitar un triunfo de su contendor, el ministro de Relaciones Exteriores decide organizar la catastrófica "Operación 14 de julio", convertida en un Beresina en la historia diplomática francesa.

XVII

Las babosadas venezolanas

Con tanta gente que se ha movilizado en la campaña para la liberación de Íngrid, las voces se desataron y se hicieron comentarios en todas las direcciones y en todo momento, cuando el secreto debía ser una ley implacable para que no se revelara ninguna iniciativa. Estos actos teatrales no se han detenido desde el 2002, y el último del que se tiene conocimiento vale su peso en oro, por no decir en oro negro, ya que pone a la orden del día el papel que cumple Venezuela en el asunto Betancourt.

Mis fuentes dentro del Comité Francés para la Liberación de Íngrid Betancourt son formales. La familia de la rehén le reveló a éste que la entonces candidata de Oxígeno había tenido que ser tratada médicamente en Venezuela en 2005 para curarse de una narcosis, infección purulenta provocada por la picadura de un insecto o por una herida mal atendida, que tiene tendencia a no sanar si no se trata con cuidados médicos. Para los primeros auxilios, la baba de babosa o de caracol es suficiente para reducir el dolor, según los especialistas en supervivencia tropical. No olvidemos que los casi tres mil o cuatro mil rehenes que hay recluidos en forma permanente en la selva colombiana están a la merced en todo momento de un accidente sanitario de este tipo.

Yo mismo experimenté este riesgo, en el sentido literal del término, durante mi viaje secreto en marzo de 2004 para encontrarme con Raúl Reyes. Mientras que me bañaba en un riachuelo cerca del campamento de la guerrilla, percibí un movimiento en una de las ramas del árbol que se encontraba próximo a mi brazo izquierdo. No era el viento en las hojas, ¡sino una tarántula de casi 20 centímetros! Lo había rozado sin darme cuenta... Una sola picadura y habría quedado listo para un nuevo viaje, éste tal vez sin retorno alguno...

Si Íngrid fue curada en Venezuela, esto prueba al menos que estaba viva en ese momento, cuando múltiples rumores ya la habían dado por muerta y enterrada. Pero esta información, entregada al emisario francés Noël Saez por las FARC en el transcurso de sus cinco viajes al sur de Colombia, ¿corresponde a la verdad? No hay ninguna certeza, puesto que la ausencia de pruebas de vida desde agosto de 2003 mantiene la duda de que si los rebeldes no envían ni casete ni foto ni grabación de Íngrid es porque no habría sobrevivido.

Evocar a Venezuela —y sobre todo a su presidente, Hugo Chávez— delante de un colombiano es ni más ni menos que agitar la muleta frente a un toro embravecido por el picador. La historia de las relaciones entre los dos países, originalmente integrados en la Gran Colombia luego de la independencia conquistada al inicio del siglo XIX por Simón Bolívar, no es sin embargo otra que la sucesión de una crisis tras otra.

En resumen, Bogotá acusa a Chávez, un populista de izquierda, de apoyar a la guerrilla de las FARC y como mínimo de alojar a una parte de sus tropas dentro del territorio venezolano. Si bien la primera acusación no está realmente demostrada, la segunda es una realidad, aun si ésta no corresponde a una voluntad deliberada del régimen chavista. Sobre los casi 2.500 kilómetros de frontera entre los dos países, que a menudo comprenden regiones de difícil acceso, mantener un control estricto es absolutamente imposible. En febrero de 2004 revelé a través de cables de la AFP que más de mil guerrilleros y paramilitares colombianos habían encontrado refugio en el territorio venezolano para escapar de las fuerzas del orden. Hugo Chávez jamás desmintió esas informaciones.

En un clima así de explosivo, la mínima información sobre las presuntas idas y venidas de rebeldes colombianos a Venezuela en total impunidad nutrió las acusaciones de la derecha colombiana contra el jefe de Estado venezolano, amigo declarado de Fidel Castro.

Si Íngrid debió ser hospitalizada del otro lado de la frontera, como me lo confirmaron las fuentes ya citadas, fue con el consentimiento implícito de autoridades venezolanas del más alto nivel.

El desplazamiento de una paciente como ella, rodeada de combatientes de las FARC para protegerla o impedir su huida, no pudo haberse realizado sino frente a militares, policías y agentes secretos del país vecino invitados a cerrar los ojos sin hacer pregunta alguna. Y esta hospitalización, según fuentes militares, no pudo haber tenido lugar sino en el estado venezolano del Táchira, vecino a la ciudad fronteriza colombiana de Cúcuta. Es en esta misma zona, según las mismas fuentes, donde habría sido operado Raúl Reyes de la próstata en 2003. En ese momento esta información no pasó de ser un rumor.

Siempre, según las mismas fuentes, Íngrid fue también hospitalizada en la región de Planadas, al sur de Ibagué, a 200 kilómetros al suroeste de Bogotá en julio de 2002. Para ese entonces las informaciones preliminares no habían sido confirmadas, pero mis fuentes tuvieron acceso a un testimonio directo de los médicos. Para desviar la atención, la guerrilla había hecho correr en ese entonces el rumor de su muerte en Planadas para poner en duda la existencia misma de esta hospitalización.

Cual nuevo apóstol recién llegado en la movilización para la liberación de Íngrid, el cantante Renaud confirmó, involuntariamente, la bienvenida preparada a los guerrilleros colombianos de las FARC por parte de Venezuela. En una entrevista concedida el 25 de octubre de 2005 al canal francés de televisión France 2 para hablar de su canción *Dans la jungle* (*En la selva*), dedicada a Íngrid, él evoca en ella el destino de las víctimas de las FARC: "Los rehenes cambian de lugar

sin parar bajo las órdenes de sus captores, ¡van incluso a Venezuela!".
La estrella francesa no inventó esta realidad. Se la soplaron.

En la ceremonia de gala del 24 de octubre de 2005 en el teatro de
Rond Point en París, el cantante le confesó a un grupo de periodistas, en el cual había una amiga mía, su dificultad de retomar una de
las estrofas que denuncia al presidente Álvaro Uribe en el fragmento
Dans la jungle. Renaud reconoció delante de estos periodistas que
ese pasaje no estaba en la primera versión de su canción. Después de
haber leído la letra, Astrid Betancourt le sugirió esta salida contra el
jefe de Estado, y él se la añadió, según relató esta periodista.

Astrid Betancourt conoce mejor que nadie el papel que podría
desempeñar Hugo Chávez en un acuerdo humanitario para la liberación de los rehenes en Colombia.

Este conocimiento acerca del papel de Caracas se volvió incluso público desde que Jacques Chirac y Hugo Chávez reconocieron
frente a los medios de comunicación haber tenido contacto en diferentes ocasiones para obrar en común en esta tarea. El presidente
venezolano lo confirmó públicamente.

¿Por qué el venezolano habría tenido un poder de intervención de
esta magnitud para ayudar a un país vecino que lo desprecia, si no
tuviera maneras de presionar a los rebeldes?

En dos ocasiones, en febrero y en octubre de 2005, la hermana
mayor de Íngrid, consciente de esta situación, habría aprovechado
la visita a París del jefe de Estado venezolano para encontrarse con
él en privado, tal como me lo reportó un agente secreto. Después
del encuentro de febrero, una de mis fuentes se la cruzó en el hotel
Raphaël, a dos pasos de L'Étoile, donde se encontraba el presidente
Chávez. ¿No es ésta una tremenda coincidencia?

XVIII

La pesadilla del embajador colombiano

Con el cabello corto ya canoso, el mentón huidizo que parece excusarse de no estar al frente del combate, pero con la voz firme de aquel que cree en su mensaje, Miguel Gómez Martínez no busca utilizar el poder de la seducción que emplean los habladores para esconder el vacío de sus argumentos. Sin prisas, busca convencer, en todo caso, de su buena fe.

El embajador de Colombia en Francia está martirizado en París, si consideramos las funciones y responsabilidades que se esperan de un diplomático de su nivel, encargado de representar a su país. A decir verdad, ya no da más. Si su alocución en un francés perfecto no lo dice crudamente, las ojeras azulosas bajo la mirada triste lo traicionan. "Un solo resbalón y seré considerado *persona non grata*", me confesó durante una entrevista el 24 de octubre de 2005 en París. Este antiguo presidente de Bancoldex (Banco Colombiano de Comercio Exterior), que conocí en Bogotá antes de su partida a su misión diplomática en París en 2002, ostenta un récord que no envidia ninguno de sus congéneres.

En cinco ocasiones, durante tres años, ha sido convocado al Quai D'Orsay para registrar las quejas que París tiene con Bogotá, y dos veces estuvo a punto de ser llamado a consulta por su gobierno.

En cada oportunidad debido al asunto Íngrid Betancourt, convertida para él en un síndrome, y con razón.

Hundido en la adversidad, este hombre de maneras sencillas y sobre todo simpático, revela haber sido puesto por error en un cuadrilátero de pesos pesados.

Economista de formación, tiene además la particularidad de haber estudiado su especialización en ciencias políticas en París, al mismo tiempo que Íngrid Betancourt estaba inscrita en relaciones internacionales al inicio de 1980.

Las familias Betancourt y Gómez Martínez tienen entonces varios puntos en común. El padre de Miguel, Enrique Gómez, fue embajador de Colombia en París de 1979 a 1982, y entre sus subalternos estaba, como agregada... Yolanda Pulecio, la madre de Íngrid y Astrid. Esta última estudió en la Facultad de Derecho. El largo paso por París de estos jóvenes de buena familia explica su fluidez en la lengua de Molière. El embajador colombiano habla un francés sin acento alguno ni el arrastre de la "r", y maneja el *argot* como cualquier neurótico parisino.

Miguel se encuentra con Íngrid en Bogotá en 1990, cuando el Ministerio de Comercio Exterior los recluta a ambos. Martha Lucía Ramírez, la futura ministra de Defensa, los junta en el mismo departamento. Las dos mujeres entran rápidamente en competencia, como lo confesó el ministro de la época, Juan Manuel Santos.

Un día Íngrid entra a la oficina de Miguel, contigua a la suya, para anunciarle de tajo: "Voy a hacer política". Es así como se convertirá en diputada, luego en senadora, antes de su candidatura presidencial en 2002 y de su secuestro por la guerrilla.

Una nube de amargura no desaparece de la mirada de Miguel cuando se acuerda del pasado frente a la tragedia actual. "La única que paga un precio por este asunto es ella, ¡qué triste! No olvido nunca que está en los calabozos de la guerrilla", cuenta incluso antes de haber sido interrogado sobre este asunto.

Dividido entre su intento constante de decir una palabra de más y sus ganas de defender a su país, el embajador a menudo abrió la compuerta de sus reticencias, que dejaron entrever mucha rabia, susceptible de envenenarlo. Es, físicamente, la impresión que me dio.

Recuerda sus años de estudiante en París, al mismo tiempo que las hermanas Betancourt. "Íngrid era bella y todo el mundo lo decía. Pero Astrid lo era menos, y debió sufrir por ello. Entonces ahora, que esté al frente de la defensa de su hermana, es una especie de revancha", suelta el embajador en este análisis psicológico, bien lejos de la política.

Siempre, sin que necesite que se le pregunte, aborda el tema Mélanie. La niña, quien no tenía sino 16 años cuando su madre fue secuestrada, hoy cuenta 20 años. "Lo heredó todo de su madre —cuenta el embajador—, ¡sí que tiene energía! Llegará lejos...", prevé Gómez. Ni la más mínima crítica puede matizar este elogio, a pesar de las intervenciones públicas, a veces muy duras, de Mélanie contra el presidente Álvaro Uribe, como si el diplomático se excusara anticipadamente de anteponer la liberación de su madre frente a cualquier objetividad política.

Esta tolerancia, sorprendente al conocer todo el hostigamiento que la familia Betancourt ha emprendido contra el jefe de Estado colombiano, se funde como la nieve al sol en la boca de un alto funcionario colombiano, que solicitó el anonimato en la misma época, a la hora de evocar las relaciones entre los dos países. Hace alusión al increíble episodio del Foro de Biarritz en Bogotá, cuando la exsecretaria de Estado Nicole Guedj vino a pronunciarse a favor de la liberación de Íngrid, a pedido de Jacques Chirac.

Este estribillo sobre las repercusiones de las luchas intestinas francesas en el asunto Betancourt lo escucharé en numerosas ocasiones en casi todos mis interlocutores, incluso en las palabras de un empresario francés instalado en Colombia: "¡Es la guerra de los Galos!", me dirá este último en un tono afligido al sentir las consecuencias nefastas en el comercio, sobre todo militar, entre los dos países.

"Dominique de Villepin y Daniel Parfait administran este caso con los sentimientos, y es respetuoso, pero hay al frente un Estado (Colombia) que lo maneja en una forma diplomática y profesional", analiza el alto funcionario colombiano antes citado. Son los mismos términos, casi exactos, que utiliza en noviembre de 2005 el embajador francés en Bogotá, Camille Rohou, cuando calificó la gestión del asunto Betancourt como "sentimental y afectiva" frente a un grupo de políticos, entre los cuales estaba Sergio Coronado.

El encuentro me confirma el bloqueo vivido entre Bogotá y París, contado en la misma época por el agente de la DGSE especializado en el contexto colombiano. "¡Bogotá no quiere volver a oír hablar sobre las negociaciones con Villepin y Parfait!", me reiteró esta fuente de los servicios secretos.

Sobre la forma, Miguel Gómez Martínez no usará el mismo lenguaje, pero sobre el contenido, uno adivina la amargura del poder colombiano en general, y de su representante en Francia en particular, cuando Gómez dice:

> Encuentro a Daniel Parfait inteligente y simpático. No tengo absolutamente nada contra él. Pero debe comprender que Andrés Pastrana (presidente de 1998 a 2002) ya no es el jefe de Estado en Colombia, y que ya no se puede pasear por el país para encontrarse con las FARC.

Miguel Gómez Martínez hace evidentemente un paralelo entre aquel período que tuvo una zona desmilitarizada (del 7 de noviembre de 1998 al 20 de febrero de 2002), cuando los jefes guerrilleros recibían libremente a los políticos y los diplomáticos —entre los cuales se contaba Daniel Parfait, embajador francés de la época— en esta región tan grande como Suiza, con la época actual de los encuentros secretos entre Raúl Reyes y el emisario francés Noël Saez.

A propósito del tema, y sin perfidia alguna, el embajador colombiano recuerda que será "difícil salir" del avispero (de los rehenes) "sin la participación del gobierno colombiano".

Aquellos adherentes en el mundo para la liberación de Íngrid Betancourt ignoran en su mayoría un dato de importancia. Francia pide un intercambio entre los guerrilleros presos y los 59 rehenes políticos y militares de las FARC, entre ellos Íngrid. "¿Y qué pasa con los otros rehenes civiles? —se pregunta el embajador en voz alta.

Para nosotros, este grupo guerrillero mantiene retenidas a 1.900 personas, de las cuales reconoce tener a 1.057".

El gobierno de Bogotá, efectivamente, nunca ha dejado de exigir la liberación de todos los secuestrados, excepto en la penúltima propuesta de Álvaro Uribe, rechazada por las FARC.

Íngrid Betancourt expresó la misma exigencia en el último video grabado de 2003, cuando ya llevaba como rehén 18 meses. En nombre de sus principios, exigía la liberación de todos los secuestrados y no únicamente la suya[54]. Pero ¿quién recuerda esto en los periódicos, revistas, programas televisivos o de radio consagrados a este tema en Francia?

Entre su oficina de la embajada, ubicada frente al palacio presidencial del Eliseo, y su residencia, cerca de la plaza de los Invalides, el embajador Miguel Gómez vive una pesadilla sin reconocerlo, pero que revela su andar triste, cabeza abajo, cuando camina en la Ciudad Luz. Parece que lleva atados a sus pies hierros invisibles, cada día más pesados...

Como tantos colombianos, Miguel Gómez Martínez tampoco ha escapado a la regla de la violencia. Su tío, Álvaro Gómez, fue asesinado por sicarios frente a la Universidad Sergio Arboleda de Bogotá, en 1995. Según las encuestas, habría sido elegido presidente de la república, por el Partido Conservador, si el jefe de Estado de ese entonces, Ernesto Samper, uno de los blancos de inculpaciones de Íngrid, hubiera renunciado en seguida del escándalo sobre el presunto financiamiento de su campaña electoral por parte de los narcotraficantes del cartel de Cali.

Una facción armada, al no soportar más la presencia del jefe de Estado, habría estado tentada a provocar un golpe de Estado encubierto de artificios legales, con Álvaro Gómez como caballo de Troya.

Habiendo rechazado entrar en esta estrategia, el tío del actual embajador en París habría pagado con su vida el silencio, según mis

---

54. Ver Anexos, documento 11.

fuentes en Bogotá, donde una vida no vale siquiera 50 dólares para un sicario, incluso menos, como lo hemos dicho con anterioridad.

La timidez es en ocasiones un defecto, y la de Miguel Gómez se constituye casi en un impedimento mayor. Fino conocedor de las realidades políticas, pero intimidado, casi dudoso, es poco dado a dar golpes mediáticos. El embajador no se atreve a intervenir en público, por temor de verse enredado.

En esta forma, todavía no ha digerido la emisión televisiva en LCI para conmemorar en febrero de 2005 los tres años del secuestro de Íngrid. Invitado a participar, se encontró en el *set,* y sin haber sido advertido, según cuenta, frente a Fabrice Delloye, Juan Carlos Lecompte, Mélanie Betancourt y el secretario general del Quai D'Orsay. "¡Era una trampa!", se queja, pero sin subir el tono.

Su desconfianza por la prensa francesa no ha cesado de crecer. Cuando Renaud presentó su canción *Dans la jungle,* dedicada a Íngrid, en octubre de 2005, fue primero invitado a la emisión de *On ne peut pas plaire tout le monde (No le podemos caer bien a todo el mundo),* de Marc-Olivier Fogiel, en France 3. Finalmente su presencia fue anulada, porque de acuerdo con los productores de la emisión, "había ya suficientes invitados", según le dijeron. Y al domingo siguiente, frente a la pantalla, tendrá la sorpresa de ver a Renaud y a Astrid caerle al presidente colombiano, sin que él, representante de su país en Francia, pudiera defenderlo, o al menos explicar la posición de Colombia.

Esta discreción de Miguel Gómez le fue reprochada, sin que fuera realmente consciente, durante las crisis bilaterales que se desataron en 2005. En algunos sectores de negocios en Bogotá, abiertamente se desea que lo remplacen. Para contrarrestar su reserva a pronunciarse a la altura de su cargo, el propio Ministerio de Relaciones Exteriores en Bogotá decidió, a fines de noviembre de 2005, recurrir a profesionales de la comunicación para dar a conocer con todas las de la ley el punto de vista de Bogotá, según una fuente en esa ciudad. Esta medida aún no había sido tomada cuando tuvo lugar mi entrevista del 24 de octubre con el embajador colombiano. Si el presidente Uribe fue elegido en 2002, como disidente del Partido Liberal, fue en parte gracias al poderoso apoyo que le habría aportado el padre del embajador, Enrique Gómez, con la alianza del Partido Conservador por su candidatura. Este hecho fue relevante, en un país donde este grupo político, dirigido por la élite financiera de los *cacaos* —sobrenombre de los grandes y onmipotentes patronos—, no había cesado desde hacía varios lustros de rotarse el poder con los liberales.

Cada vez que ahondamos en este expediente, se evidencia sin espina dorsal, por no decir más, la posición de Francia para ayudar a encontrarles una solución a los secuestrados. Esta deducción se hace por comparación entre las confesiones antes citadas de una fuente del gobierno francés sobre la eventual recepción de guerrilleros en Francia, más exactamente en la Guayana Francesa, y las revelaciones que me hizo un alto funcionario colombiano, que solicitó el anonimato.

Cuando publico, en noviembre de 2002, el proyecto del presidente Álvaro Uribe sobre el envío de guerrilleros a un país amigo como Francia en el marco de un acuerdo humanitario para la liberación de los secuestrados, el teléfono timbra entre París y Bogotá. Este alto funcionario colombiano recuerda la llamada. Su contenido es revelador. Lo presento aquí tal como me lo informaron, palabra por palabra:

Era uno de los jefes del departamento en el Quai D'Orsay. Le confirmo los términos del proyecto presidencial. Nos ponemos entonces a estudiarlos, y a evocar los lugares de acogida para los rebeldes liberados, tales como la Guayana Francesa, Córcega, así como también otros países. Los nombres de Costa de Marfil y de Canadá son incluso mencionados. En ese instante, su interlocutor interviene y dice claramente:

—No existe la más remota posibilidad para Francia de recibir 300 guerrilleros. ¡Negociaremos!

La cifra de una treintena de guerrilleros —retoma mi interlocutor colombiano— fue incluso lanzada por París como contingente aceptable para Francia.

Si traemos a cuento esta discusión de noviembre de 2002 entre estos dos hombres, cuya alta fuente francesa antes citada me confió la lista de los cinco países de acuerdo, en el verano de 2003, para recibir a los rebeldes liberados (Venezuela, Cuba, México, Brasil y Chile), es para demostrar que Francia nunca tuvo la intención de hacer un esfuerzo de talla mayor para resolver el drama de los rehenes en Colombia. Les dio prioridad a las declaraciones públicas que no cuestan nada, excepto a nuestro comercio en materia de armamento. Este es, en todo caso, mi análisis.

Para Colombia, como para numerosos observadores independientes, el hecho de que Francia hubiera "sobrerreaccionado" por el secuestro de Íngrid, en el momento de la noticia conocida el 24 de febrero, le "dio peso" a la candidata de Oxígeno frente a las FARC.

Sin esta reacción, las FARC la habrían seguramente liberado —asegura el alto funcionario colombiano—, pues como se supo en seguida, al escuchar el intercambio radial entre el comandante de los rebeldes que había secuestrado a Íngrid y su jefe, este último había exclamado "¡Ah!, es a la loca a la que cogieron...". Esta denominación provenía del hecho de que Íngrid había apuntado con el dedo al líder de las FARC, Manuel Marulanda, en una arenga en San Vicente del Caguán diez días antes de haber sido secuestrada, luego de los encuentros de varios candidatos a la presidencia con la cúpula guerrillera en el corazón de la entonces zona desmilitarizada. Los comandos guerrilleros no parecían, en ese entonces, tener ganas de quedársela.

A los ojos de esta fuente colombiana, las FARC no cesan de elevar su subasta. Y revela una cifra hasta ahora desconocida. "En la primavera de 2005, esta guerrilla hablaba de 337 rebeldes detenidos para ser liberados de lograrse un acuerdo. Y desde la revelación de los contactos entre Noël Saez y Raúl Reyes, ¡ahora piden que sean 900 los guerrilleros que debemos dejar salir!".

La batalla de los números no ha terminado. Cuando recordamos la lista de viajes secretos realizados por el emisario francés y las FARC, este contacto colombiano me habla de "tres desplazamientos". Y cuando menciono la cifra de "cinco", según mi fuente de los servicios secretos, se pone lívido, realmente desconcertado, antes de querer informarse más. Pero mis conocimientos se limitan a este dato.

Este mismo alto funcionario, antes citado, evocó delante de mí una reciente sospecha de Bogotá con París. Como ésta fue desmentida luego de una investigación colombiana, me creo autorizado a mencionarla, pues traduce el clima de paranoia que baña infortunadamente las relaciones entre los dos países. Mis comentarios, o adiciones, están entre paréntesis.

El rumor que corrió fue que Francia quería pagar por la liberación de Íngrid —cuenta esta fuente—. Esto pasó ya hace meses. Se habrían realizado acercamientos con el gobierno de Caracas para que Venezuela sirviera de intermediario. En este marco, la firma petrolera Total les habría girado un rescate a las FARC de entre 20 y 100 millones de dólares, así como una comisión al intermediario venezolano. Esta sospecha coincidió con el asunto Rodrigo Granda, uno de los comandantes de las FARC detenido el 13 de diciembre de 2004 por la policía colombiana en un hotel de Cúcuta (capital del departamento de Norte de Santander), en la frontera con Venezuela. El hombre había sido secuestrado en Venezuela por venezolanos (pagados por Colombia con 1,5 millones de dólares) y llevado a esa ciudad. Con esta noticia los franceses se enfurecieron, pues Granda se había convertido en un hombre clave. La embajada de Francia en Caracas, según nuestras informaciones, tenía contactos con el mismo Granda. Con su arresto, este contacto se perdió.

Sabíamos en ese entonces que Total tenía problemas con el gobierno venezolano, y que una visita de Hugo Chávez a París debía haberse destinado en buena parte a resolverla.

Me encontré con un directivo de Total y le hice la pregunta sobre este rescate. Se puso pálido, de tanto que lo tomó por sorpresa la pregunta. Algunos días después, desmintió formalmente el tema.

Tal es el testimonio de un alto funcionario colombiano, aterrorizado por la idea de ver su nombre publicado en dicha investigación. Respeto entonces su voluntad de guardar el anonimato.

A pesar de una negación por parte de la sociedad francesa, fuertemente arraigada en Venezuela, intenté verificar estos rumores, que ningún elemento me permitió comprobar. Como todas las compañías petroleras instaladas en ese país, Total está supeditada a las exigencias del poder local para beneficiarse de las *royalties* (prebendas oficiales) sobre la explotación de sus pozos. Nada prueba que una maniobra se haya planeado para una entrega de tal rescate, aun menos cuando, según todas mis fuentes en esta larga consulta, las FARC no tienen ninguna necesidad de dinero en efectivo. Sus ingresos, y los rebeldes no lo ocultan, provienen esencialmente del diezmo percibido por el tráfico de cocaína. Este mercado de la droga es, además, en parte controlado por dos enemigos, las FARC y los paramilitares de las AUC (Autodefensas Unidas de Colombia), en una sorprendente repartición de los recaudos, tal como me lo confirmó una fuente militar europea. Los centros de producción de la droga son vigilados por la guerrilla, y su transporte hacia los puertos colombianos, como el de Buenaventura, sobre el Pacífico, o el de Santa Marta, sobre la costa caribe, queda asegurado por los "paras", contra una repartición de los ingresos entre las dos facciones, sobre una base aproximada de 45% para las FARC y 55% para las AUC.

El asunto tomó un nuevo giro el 27 de noviembre de 2005, con el anuncio del presidente Álvaro Uribe de recurrir a una comisión internacional para intentar desbloquear el acuerdo humanitario sobre la base de un intercambio de rehenes por prisioneros. "Algunos contactos ya fueron hechos por el alto comisionado para la paz, Luis Carlos Restrepo", precisó el jefe de Estado sin ahondar en el tema, con el fin de conservar la discreción de los pasos tomados.

En esa época, una fuente colombiana me anunció, sin entrar en detalles, que el presidente colombiano estaba "listo a pagar el precio más caro, pues está aburrido de esta historia con Francia".

XIX

Los Verdes, un combate diferente del comité Betancourt

Jamás este conflicto aflora en público, pero la dicotomía es total entre el Partido Verde francés, principal sostén político de Oxígeno, es decir, de Íngrid, y el comité de ayuda de la célebre rehén. Encontré militantes de estos dos grupos en París.

El estribillo sobre este intercambio humanitario entre guerrilleros detenidos y rehenes en manos de las FARC vuelve constantemente a la boca del comité, como eco a las exigencias de Astrid, con una conclusión sorprendente: el gobierno y la guerrilla deben lograr la liberación de Íngrid. Como si el poder y las FARC fueran igualmente responsables de este crimen.

Peor aún, en su panfleto difundido antes de la noche dedicada a Íngrid el 24 de octubre de 2005 en el teatro Rond Point, con la presencia de cantantes como Renaud y Julien Clerc, este comité de soporte cree poder escribir "que Álvaro Uribe no ha hecho nada para que se llegue a un acuerdo humanitario".

El portavoz de los Verdes franceses, Sergio Coronado, se muestra claro con respecto a esto en una crítica implícita al comité. "No es el gobierno colombiano el que retiene a Íngrid Betancourt, sino las FARC", insiste. Según él, "no hemos medido lo suficiente el aislamiento de esta guerrilla y su determinación. No será la sola voluntad política de Álvaro Uribe la que la liberará".

Hijo de un refugiado político chileno establecido en Francia después del golpe de Estado del general Augusto Pinochet contra el presidente Salvador Allende en septiembre de 1973, Sergio Coronado conoce perfectamente el expediente de los rehenes colombianos. Vive en Francia hace 22 años y sufrió en carne propia el drama de los exiliados, porque inicialmente pasó 12 años en Argentina antes de que sus padres se instalaran en París. "Fui un apátrida durante 24 años", confiesa.

Su análisis de las FARC vale la pena resaltarse para comprender mejor la confusión colombiana luego de la reciente participación de los Verdes en el Foro de São Paulo, fundado en 1990 alrededor de una multitud de partidos ecologistas y de tendencia de izquierda, incluidas las FARC. Con la llegada al poder de Lula en Brasil y de los socialistas en Uruguay, "este foro tomó su distancia con los partidarios de la lucha armada, es decir, con la guerrilla colombiana, al punto de no haberse jamás vuelto a encontrar desde 2003", explica Coronado.

Si se pone guantes para no embestir a las FARC, Sergio Coronado no es menos claro en cuanto a las posibilidades de un acuerdo en el extranjero para la liberación de los rehenes, algo que rechazan los rebeldes. "Una negociación entre todas las partes podría hacerse sin problema en el exterior, en Caracas por ejemplo, o en una embajada extranjera en Bogotá", anota, frente a las exigencias reiteradas de las FARC de desmilitarizar un territorio de 800 km² en Colombia como condición para tal discusión, con el gobierno en el país.

"No es sino un pretexto de la guerrilla para quedarse con Íngrid", termina diciendo, aun si matiza esta crítica con una apreciación sobre el hecho: "Ninguna de las dos partes —FARC y gobierno— está realmente dispuesta a acelerar el paso para llegar a una liberación de Íngrid y de los rehenes".

Discreto al hablar sobre sus iniciativas personales, que conozco por otras fuentes, el portavoz termina por confesar que ha "hospedado durante seis meses" al número tres de Oxígeno, Adair Lamprea, al que luego ha apoyado financieramente.

En el comité de ayuda a Íngrid, los dos jóvenes delegados que encontré en noviembre de 2005 en París, luego de haber hallado sus coordenadas en el sitio web de la rehén, no ocultan su admiración por la excandidata colombiana. Dorothée Laurain, estudiante de periodismo, de 23 años, es "optimista", pero Ludovic Nicolas, de 30 años, técnico actualmente desempleado, "teme que ya no esté viva". Ambos confiesan haberse conmocionado con la lectura de *La rabia en el corazón,* así como al enterarse por reportajes sobre los rehenes en Colombia.

Su primer comentario concierne a la actitud "incomprensible", según ellos, del poder colombiano. "En otros países, como Israel, los terroristas son objeto de intercambio por centenas sin ninguna dificultad", recuerdan. "¿Qué presidente, en qué país —se preguntan—, dejaría a centenares de sus súbditos podrirse en la selva?" Pero esos dos admiradores de Íngrid rechazan al mismo tiempo cualquier autocensura.

Están "despechados" y "lamentan" ver sus comunicados de prensa editados al no publicarse pasajes sobre los otros rehenes, sobre todo cuando se trata de Claraleti Rojas, esta heroína de Oxígeno que rechazó ser liberada para quedarse al lado de Íngrid.

Sobre todo, tienen clara conciencia de la contradicción que mina y protege su objetivo a la vez. "Gracias a nuestro comité y a sus declaraciones permanentes, la guerrilla no se atreverá a matarla", asegura Dorothée. "Pero estoy segura de que gracias a nosotros, o por causa nuestra, Íngrid se volvió el oro en barra de los rebeldes", añade Ludovic, como para explicar el retraso cada día más largo en esta liberación que no llega.

Ludovic fue una de las figuras claves en la cena de gala organizada el 24 de octubre en el teatro Rond Point en París, con artistas de renombre. Esta responsabilidad lo incita, con distancia, a confesar el fondo de su pensamiento: "No nos dejan jamás expresarnos, en la televisión o en los medios, donde no pasa sino la familia de Íngrid...", se lamenta.

Los dos militantes del comité coinciden: "Es un error monumental sólo hacer hablar a la familia Betancourt". Y su soporte en el combate por Íngrid no los hace perder su lucidez: "Si Íngrid fuera liberada, la mayoría del comité se desintegraría", concuerdan, antes de indignarse por un hecho jamás recordado por los medios: la presencia en la Fiesta de *l'Humanité* (aunque no en la del 2005), a pesar de las circunstancias, de una delegación de las FARC. "¡Es penoso, escandaloso!", me repetirán para dejar bien en claro que su apoyo por Íngrid no significa tenerles la mínima tolerancia a estos carceleros. *L'Humanité* es el diario comunista francés, fundado hace un siglo por Jean Jaurès, un apóstol de la paz.

XX

Adair, el conductor de Íngrid, acusa

"Los Verdes fueron prácticamente los únicos en ayudarme en Francia: Sergio Coronado, que me alojó los primeros seis meses, y Alain Lipietz, ¡ni hablar!", constata sin demasiada amargura el chofer de Íngrid.

Refugiado en París desde marzo de 2004 sin pedir asilo político, Adair Lamprea se ha convertido en un personaje inevitable en el asunto Íngrid Betancourt. Director de logística del partido Oxígeno, este colombiano, que hoy cuenta 35 años, era quien estaba al volante cuando la excandidata a la presidencia fue secuestrada el 23 de febrero de 2002 junto con Claraleti Rojas. Él mismo fue retenido durante 24 horas por las FARC con Alain Keler y el camarógrafo Mauricio Mesa. Una admiración sin límites por Íngrid tiñe de subjetividad su testimonio, pero su visión polémica, con graves acusaciones, provienen de un militante de primer rango. Este recuento no puede ignorarlo para intentar aclarar algunas sombras en este drama humano.

Bajo sus cabellos azabache rizados, los hoyuelos no paran de movérsele, y delatan una tendencia a tomar las cosas por el buen lado a pesar de la adversidad, y le imprimen una sonrisa de lado a lado de buenas a primeras, cuando el tema no la amerita. Pequeño, pero nervioso, corajudo, este ingeniero ambiental egresado de la Universidad de La Salle de Bogotá desata una ola inmediata de simpatía con su sonrisa, pero que atenúa cierto malestar frente a los riesgos pasados y los que vendrán.

Inscrito en la universidad de París IV para una maestría en tratamiento sanitario de aguas, Adair tuvo la intención de regresar a su país para trabajar y militar una vez disipadas las amenazas que había recibido en 2004. Pero en octubre de 2005, un mes antes de nuestro encuentro en la capital, una llamada de larga distancia le entró a su teléfono fijo en su habitación en París. "Una nueva amenaza", afirma. "Esta voz tenía acento paisa", confía el hombre joven, decidido esta vez sí a solicitar el estatus de refugiado político en Francia.

Sus sinsabores habían entonces continuado en Bogotá luego del secuestro de Íngrid. En febrero de 2004, Juan Carlos Lecompte lo llama para decirle que el DAS lo espera para una audición de testigos. Una vez allí, en el edificio de los servicios secretos, los agentes lo invitan a reconocer, a través de un vidrio especial, a los presuntos autores del secuestro, dos hombres y una mujer.

Allí, Adair cae de una sola pieza. "¡No hubo ni una sola mujer en el comando de las FARC el 23 de febrero de 2002 y los dos hombres nunca los había visto!", dice.

En el mismo momento, recuerda Adair, el presidente Álvaro Uribe se encontraba en el parlamento europeo de Estrasburgo, mientras Íngrid llevaba dos años como rehén de las FARC. La noticia sobre el arresto de sus captores le habría permitido al jefe de Estado atenuar el impacto mediático del malestar manifestado en esa ciudad por los Verdes europeos. ¿Éstos no abandonaron el hemiciclo para protestar contra la falta de acuerdo humanitario en Colombia a cambio de un intercambio de rehenes? "¡Pero si no voy a enviar a inocentes al verdugo por 40 años!", expresa Adair a los interrogadores del DAS. Mantiene su declaración, sale del DAS, y hace mención de este incidente en una entrevista concedida al diario *El Tiempo* de Bogotá.

El paso siguiente lo adivinamos fácilmente, pues conocemos los peligros que se corren en Colombia en este tipo de situaciones. El teléfono repica unos días después.

"Hijo de puta, te vamos a torcer, ¡sapo!", le dice un interlocutor anónimo antes de colgar. Un sapo es un lambón en Colombia, y cuando se reciben este tipo de cumplidos más vale contar sus enemigos...

La misma amenaza le es repetida al día siguiente. Adair lo entendió. No tiene otra salida que llamar a Astrid Betancourt. "Inmediatamente habló con el embajador de Francia, Daniel Parfait —precisa Adair—. Me dieron la visa para Francia en 24 horas".

Para su vuelo en Air France, fue diferente. "Pagué el tiquete con mis ahorros. En la embajada no me dieron sino 20 euros, ¡para tomar el metro! Me fui con una pequeña valija como equipaje...", añade.

El exconductor de Íngrid hacia San Vicente del Caguán —se niega a ser llamado chofer, algo que nunca fue— prefiere no hablar, pero confiesa, sin hacer ningún comentario, no haber sido nunca más contactado por Daniel Parfait, ni por Astrid, luego de su instalación en París. Prefiere rendirles homenaje a aquellos que sí lo ayudaron, a Sergio Coronado, a Alain Lipietz, sin olvidarse de Ludovic, del comité de ayuda a Íngrid.

Para no depender únicamente de sus apoyos financieros, trabaja medio tiempo, con el fin de poderse pagar la maestría, como mensajero de Shopi (un supermercado), por un salario de 550 euros al mes. Una vez arreglado lo de su arriendo (492 euros) y su tarjeta naranja mensual (51 euros), le basta "importunar al lado de los Verdes para sobrevivir", asegura.

Su situación actual de apátrida se parece a la de sus ancestros, ya que su abuelo era... ¡palestino! "Desembarcó en Colombia en 1936, después de seis meses de mar", revela Adair, con su nombre completo: Adair Atenagoras Lamprea Okamel. "Soy católico", precisa.

En sus pocos ratos libres escribió sus recuerdos, con el título provisional de *Crónica de un secuestro anunciado*, jugando con el nombre de una de las novelas de su compatriota Gabriel García Márquez. El solo título despierta polémica. Ni Andrés Pastrana ni Álvaro Uribe escaparán de sus dardos.

Adair es formal: "Pastrana conocía bien el carácter templado de Íngrid. Queríamos denunciar en San Vicente del Caguán su farsa, es decir, esta pretendida reconquista del Caguán. Es por ello por lo que lo acuso de ser responsable de su secuestro, ¡de haberla lanzado a la boca del lobo!". Apoyándose en los comentarios, evoca lo que para él son indicios, como pruebas.

"Esperamos casi siete horas en el aeropuerto de Florencia el 23 de febrero de 2002, antes de obtener la 4 x 4 del DAS, pues no pudimos hacer uso de los helicópteros reservados para la prensa. ¡Era más del tiempo necesario para planear un secuestro! Y hago la pregunta: si era tan peligroso, ¿por qué el DAS nos dotó de un vehículo?".

El actual presidente, Álvaro Uribe, hace parte de una recusación parecida. "Si tuviera la ocasión de entrevistar a Álvaro Uribe, le haría inmediatamente esta pregunta: ¿es a causa del debate electoral que tuvo con Íngrid en diciembre de 2001, en Barranquilla, que no hace nada por liberarla?".

Según Adair, presente ese día en el estudio, el intercambio había sido del todo explosivo frente a las cámaras de Telecaribe, en el transcurso de la emisión dirigida por Jorge Cure. "¡Usted está cerca de los paramilitares! Conozco su pasado. Su padre tenía relaciones con Pablo Escobar, ¡cuidaba incluso de sus propiedades!", le tiró en la cara al candidato Uribe en ese entonces Íngrid, retomada por Adair. Ella lo acusa, en ese momento, siempre según él, de complicidad en el asesinato de un sindicalista en el departamento de Urabá.

"El ambiente se puso eléctrico. ¡Los ojos de Uribe bailaban la zarabanda! Incluso se tropezó con un camarógrafo", cuenta.

El número tres de Oxígeno, en todo caso, refuta las acusaciones de irresponsabilidad hechas contra Íngrid por todas mis otras fuentes, en su viaje a San Vicente.

A partir de la ruptura del proceso de paz, el 20 de febrero de 2002, recibimos una avalancha de llamadas telefónicas provenientes de la zona del Caguán, para que fuéramos a proteger a sus habitantes. Temían posibles represalias paramilitares por haberle dado, de un día al otro, durante 39 meses de diálogo en este laboratorio de paz, por ejemplo, de beber a los guerrilleros, que estaban libres de todo movimiento en la zona desmilitarizada de la época. Por eso Íngrid insistió tanto en ir a San Vicente, incluso por tierra, con el fin de hacer una (veeduría) en esta ciudad, cuyo alcalde era militante de Oxígeno.

"Si nos pasa algo, será responsabilidad del gobierno Pastrana", había incluso expresado. Debo confesar que propuse que en lugar de quedarnos horas enteras en el aeropuerto, alquiláramos un auto sin esperar más. El cura de San Vicente nos había ofrecido posada. Habríamos dormido en el presbiterio...

Tal es el testimonio de Adair Atenagoras Lamprea Okamel sobre esta jornada, desgraciadamente, histórica.

En estas entrevistas supe que Ludovic (del comité de ayuda a Íngrid Betancourt), ahora desempleado, le prestó 400 euros cuando se enteró de su odisea, al llegar a París.

XXI

El misterio de Íngrid: tres hipótesis

Frente a la intensa campaña de medios liderada por el Comité para la Liberación de Íngrid Betancourt, con alrededor de 1.500 ciudades que la declararon ciudadana de honor, este recuento no puede concluir sin entrever todas las posibilidades, cuatro años después de su secuestro.

Difundidas por las fuentes de alto nivel, todas más creíbles que la anterior, pero también sospechosas de estar manipuladas en beneficio de sus propios intereses en uno de los países más violentos del mundo, las informaciones se alternan con los rumores. Todas tienen una explicación, incluso si algún día se prueban infundadas. Conviene cernirlas sin prejuicios iniciales, una a una, para intentar exprimir su valor real por un máximo de cruces posibles.

Hipótesis 1

Íngrid sigue con vida, pero la guerrilla se niega a entregar la mínima prueba al exterior, contra la propia voluntad de la rehén. Es del todo posible. Como lo habremos comprendido al término de esta investigación, la noción de piedad le es extraña a este grupo calificado de "terrorista" por la Unión Europea. ¿Las FARC no rechazaron la demanda de Andrés Felipe, un niño de diez años desahuciado por un cáncer terminal en diciembre de 2003? Quería volver a ver a su padre, un policía rehén de estos rebeldes, pero murió sin que las FARC hubieran atendido el gesto que los 44 millones de colombianos esperaban que cumplieran. Su padre, en seguida, fue rematado por la guerrilla, en un intento desesperado por huir.

Si la guerrilla ha escogido jugar al misterio sobre el verdadero estado de Íngrid, es sin ninguna duda para acentuar las inquietudes de la comunidad internacional, para suscitar una puja al mejor postor de sus propias exigencias, y provocar un mal paso diplomático. Los raptores, en este caso, han logrado ir más allá de sus expectativas sobre estos tres puntos, si medimos la profunda degradación de las relaciones entre Bogotá y París, al igual que la pérdida considerable de la industria militar francesa en el asunto.

Hipótesis 2

Íngrid habría muerto. Esta posible tragedia explicaría la ausencia de pruebas de vida entregadas por las FARC, que cesaron en 2003. Incluso un diplomático francés en Bogotá le confió a una de mis fuentes, en noviembre de 2005, que evaluaba en un "60%" esta posibilidad. La reclusión en la selva reserva mil peligros, como lo atestiguan las dos hospitalizaciones de Íngrid antes mencionadas, en julio de 2002, cerca de Ibagué, y en 2005, en Venezuela.

Según una de mis fuentes, el emisario francés, Noël Saez, le exigió a la guerrilla hacerle a Íngrid dos preguntas precisas sobre detalles de su infancia, únicamente conocidos por su familia, y comunicar el resultado a Francia; sin embargo, nada había sido enviado a París al final del año 2005... Por otro lado, las FARC tienen por costumbre justificar públicamente la ausencia de pruebas de supervivencia de Íngrid por la necesidad imperiosa de los rebeldes de andar moviendo sin parar a sus rehenes para escapar de las persecuciones del ejército. Esta presión no les daría el tiempo suficiente para grabar video alguno. Pero esta excusa se contradice del todo con el envío de un CD de propaganda de las FARC a los delegados del Foro de Biarritz en septiembre de 2005 en Bogotá. Si Raúl Reyes tuvo el tiempo de grabar este CD y de hacerlo llegar al foro, bien podría haber grabado la voz de Íngrid y transmitirla a través de la red de rebeldes que circulan por la capital. Y ¿por qué el diputado Óscar Tulio Lizcano pudo grabar un videocasete, transmitido a los medios de comunicación por las FARC en noviembre de 2005? ¿Por qué una grabación similar fue realizada por Fernando Araújo en diciembre de 2005? ¿Por qué Raúl Reyes no me dejó entrevistar o por lo menos ver a Íngrid cuando pude encontrarlo en marzo del 2004?

Hipótesis 3

"Íngrid está viva pero molesta a las FARC y se niega a grabar un mensaje con destino a su familia", según las confidencias hechas a mediados de noviembre por Camilo Ospina, nuevo ministro de Defensa, al embajador de Francia en Bogotá, y que me contó una fuente diplomática francesa en Colombia.

A diferencia de un diputado colombiano, Óscar Tulio Lizcano, rehén desde hace cinco años de las FARC, del cual se difundió un videocasete como prueba de supervivencia el 30 de noviembre de 2005, la excandidata de Oxígeno no ha vuelto a dar prueba de vida desde agosto de 2003. La esposa de este parlamentario, Martha, recibió el video en el cual su marido aparece de buen semblante. Había sido secuestrado por el frente José María Córdova el 5 de agosto de 2000 cerca de Riosucio, en el departamento de Caldas, al suroeste de Bogotá.

Esta tesis de rechazo de cooperación por parte de Íngrid es del todo creíble, ya que los rebeldes no cesan de anunciar esta prueba de vida, desde el inicio de septiembre de 2005, luego de la crisis entre Francia y Colombia por la revelación de los viajes de Noël Saez donde las FARC; no obstante, jamás se concretaron tales promesas.

Íngrid es reconocida por su carácter férreo e intratable, heredado de su padre. Lo probó cuando, fiel a sus principios políticos, en el último videocasete de agosto de 2003, rechazó su liberación individual en detrimento de todos los otros secuestrados.

Pero nadie ignora el amor que le tiene Íngrid a su familia, sobre todo a sus hijos, pese a que tuvo que separarse de ellos en varias ocasiones desde su entrada a la política al inicio de los años de 1990, principalmente por razones de seguridad. En estas condiciones, ¿quién puede imaginársela dándole la espalda a la cámara si un vistazo de ella viva sería capaz, si no de encantar a sus más allegados, al menos de asegurarlos de su supervivencia?

Ninguna de estas tres opciones puede descartarse de tajo. Cada una es posible.

Voluntariamente descarté una cuarta, por cuenta de su gravedad, pues aquellos que la lanzan no aportaron prueba alguna de sus alegatos. "Íngrid está viva, pero se unió a la guerrilla, incluso fue grabada con pistola en mano, y tenemos la prueba", según un miembro del estado mayor colombiano que se lo aseguró a un alto oficial francés luego de los contactos bilaterales en otoño de 2005.

Si no se tratara más que de un rumor difuso, no habría siquiera mencionado tal versión. Pero ¿cómo ignorarla si proviene de uno de los oficiales de más alto rango del ejército? Si esta tesis fuera infundada, demostrará hasta qué punto esta rehén les provoca terror a los autores de tal desinformación. Esta misma versión me fue confirmada en febrero del 2006 por una fuente suiza. Según ésta, un hombre de negocios le aseguró haber "visto a Íngrid en las filas de la guerrilla en agosto del 2005".

El síndrome de Estocolmo existe, cómo dudarlo, ¡hasta en Colombia! Durante los dos meses que duró la retención de los doce embajadores por parte de la guerrilla del M-19 en 1980 en la cancillería dominicana en Bogotá, ¿no se había involucrado un mexicano con una de las guerrilleras, la *Chiqui*? Fuera de Colombia, nadie olvida el increíble destino de Patricia Hearst. Hija del magnate de la prensa norteamericana Randolph Hearst, fue secuestrada en 1974 por la Armada Simbionesa de Liberación, que exigía un rescate para destinárselo a los pobres. ¡Fue detenida por la policía un año más tarde mientras asaltaba un banco con sus raptores!

En esta hipótesis de una complicidad nacida entre la rehén y las FARC, Íngrid sería liberada para convertirse en la candidata de la izquierda contra Álvaro Uribe en las presidenciales de mayo de 2006. Este golpe de teatro antes del escrutinio estaría destinado a desencadenar un "tsunami" de popularidad de su candidatura, sobre todo si los rebeldes liberaran a los rehenes civiles o anunciaran un acuerdo de paz, con reintegración a la vida civil o sin ella.

Pero entonces, ¿por qué un video, de "talla nuclear", según todas mis fuentes confidenciales, no es difundido por el poder? Puede ser, me dicen sin convencerme, para no poner en duda un eventual montaje.

Otro rumor difuso en toda Colombia, y con repercusiones internacionales, incluso habla de una relación sentimental entre Íngrid y Alfonso Cano —la eminencia intelectual de las FARC y probable sucesor de *Tirofijo* en la cabeza de esta guerrilla—, de quien ella habría tenido un hijo. Si esta hipótesis le fue entregada a un político francés durante un viaje a Bogotá en noviembre de 2005, como me fue confiado, es molesto no mencionarlo, pero no le doy el menor crédito ya que su fuente no le entregó la menor prueba. En su libro sobre Íngrid, su marido, Juan Carlos Lecompte, ¿no les pregunta a los compañeros de los rehenes, pero también se pregunta a sí mismo, sobre eventuales relaciones con otra persona luego de tan largos años sin vida en común?

Conclusión

Si Francia es percibida, a pesar de todo, como potencia mediana, mantiene sin embargo intacto su prestigio de patria de los derechos del hombre en América Latina, y de faro de la humanidad para la libertad, incluso en Colombia.

Si la amplitud abismal de su deuda externa se compara a la de los países en vías de desarrollo, ninguna capital, de México a Bogotá, pasando por Buenos Aires o Brasilia, ha olvidado en 2006 que el subcontinente americano, en ebullición permanente, les debe a los herederos de la Revolución.

El código napoleónico aún modela el derecho, sus habitantes sueñan todos con conocer algún día París, la Ciudad Luz, sus hijos son todavía muchos los que aprenden la lengua de Molière, y Charles de Gaulle no necesita monumento: está ya en todas las cabezas.

El combate francés por la independencia y contra la alienación fue llevado al pináculo, incluso en Bogotá, cuando París dijo no a la hegemonía norteamericana en el año 2003, al rechazar su participación en la guerra de Iraq. Francia fue entonces admirada.

Que los políticos y altos funcionarios franceses hayan aprovechado tal imagen para confundir vínculos personales y razones de Estado es lo que esta investigación sobre el asunto Íngrid Betancourt intentó demostrar.

La amplitud de este escándalo, mantenido por los medios de comunicación más afectos al sentimentalismo que al reportaje, removió hasta lo más profundo de mis dudas para revelar los secretos de este asunto, incluso si el protagonista no es más que uno de los miles de rehenes que retienen las FARC, una de las guerrillas más antiguas del mundo.

Los franceses tienen derecho a la verdad, y no solamente a una parcela de informaciones orientadas, sobre este conflicto de intereses mayores, que hasta ahora se le han ocultado a la opinión pública.

Anexos

Bogotá, sábado 19 de julio de 2003

COMUNICADO DE PRENSA

Algunos medios de comunicación han publicado rumores acerca de la situación de Ingrid Betancourt.

Quiero desmentir formalmente que haya habido cualquier contacto, y aún menos negociación, entre las autoridades francesas y las FARC.

Como lo dije en mi discurso del 14 de julio, el Gobierno de Francia pedirá incansablemente la liberación de Ingrid Betancourt, quien es también francesa, y de los 3000 secuestrados en Colombia.

Como lo manifesté en esa ocasión, quiero repetir para aquellos que aún consideran la violencia como el precio por pagar para una sociedad más justa, que los actos inhumanos, como el secuestro, no presagian mañanas mejores.

Daniel PARFAIT
EMBAJADOR DE FRANCIA EN COLOMBIA

DOCUMENTO I

En el primer comunicado de Francia, firmado por el embajador Daniel Parfait en Bogotá el 19 de julio de 2003, no se habla del avión militar Hércules C-130 enviado a la Amazonia para intentar en vano llevar a Íngrid a Francia.

De:
Para: HUGO
Enviado: Jueves, 21 de octubre de 2004, 9:05 a.m.
Asunto: RE: baldosines, daniel parfait / trasteo a bogotá

HOLA, querido HUGO:

Sobre los baldosines del Señor Parfait, fueron entregados, con el fin de evitar cierto número de presiones contra ciertas personas de la embajada de Francia en Bogotá y de parte de mi Dirección, que no pretende que este asunto tome amplitudes diplomáticas en Francia.

A fin de cuentas, me plegué a este orden emitida por mis Jefes.

Espero que, de tu lado, obtengas satisfacción.

Volveremos a hablarnos al inicio del 2005, ya que hay ciertos regresos para organizar de la salida de BOGOTÁ.

Cordialmente,

Jean-Pierre

DOCUMENTO 2

En este correo electrónico, uno de una serie de intercambios entre las firmas de trasteo Intramar en Bogotá y Lagache en París, se menciona el transporte de Bogotá a París de 4,5 toneladas de baldosines para el embajador de Francia en Bogotá, Daniel Parfait, en 2004, en un contenedor de un policía francés. La dirección de Lagache confiesa haber querido evitar las "amplitudes diplomáticas" de este asunto, mientras que Intramar le reclamaba al diplomático el pago de dicho transporte dentro de Colombia.

0530

Una ciudad para vivir mejor

Santafé de Bogotá D.C. marzo 03 de 1994

Íngrid Betancourt Pulecio.

Doctora
LILIAM SUAREZ MELO
Presidenta
Cuerpo Nacional Electoral
Avda. El Dorado #46-20 Piso 6o.
FAX:2215688
CIUDAD

REF.: Su comunicación de marzo 1o. de 1994.

Estimada doctora Melo:

En respuesta a su carta de la referencia. muy comedidamente me permito informarle lo siguiente:

El dinero invertido en mi campaña política hasta la fecha asciende a la suma de $54.470.000. El presupuesto inicial es de $70.000.000.

Lo anterior se ha manejado a través de la FUNDACION BOGOTA AMABLE. Personería 001 del 14 de enero de 1994. El número de la cuenta corriente es 255164-6 del Banco Unión. Sucursal Chicó. El Representante Legal es el doctor GERMAN LEONGOMEZ, identificado con la cédula de ciudadanía #40.092 de Bogotá.

Los gastos previstos para el período comprendido entre el 1o. de marzo y el 13 de marzo de 1994 son de $15.262.524.70 para un total de $69.732.524.70.

Finalmente quiero informarle que nuestros libros de Contabilidad, están debidamente registrados ante el Veedor copia que le estaremos enviando cuando lo estime conveniente.

Si desea alguna información adicional. con gusto se la suministraremós.

Atentamente,

INGRID BETANCOURT PULECIO
Aspirante a la Cámara por Bogotá
Tarjetón #1064

A LA CÁMARA

Carrera 7a # 57 - 67
Teléfonos :
2 12 68 07 - 2 12 68 17
2 12 68 51 - 2 12 68 67
2 12 46 10 - 2 12 65 47
Santa Fé de Bogotá D.C

DOCUMENTO 3

El balance de la campaña de Íngrid Betancourt para las legislativas de 1994 (fue elegida diputada del Partido Liberal) es firmada en notaría por la candidata. Su representante legal, como se muestra aquí arriba, no es otro que Germán Leongómez, su pareja de la época.

23/02/04

EL OTRO CAPÍTULO

La deificación de Íngrid

Si no hubiera caído obnubilada ante los halagos de los medios franceses, a lo mejor hoy los europeos no la habrían catapultado al estatus de luchadora por los DD.HH.

A veces pienso que si los medios, los analistas, la clase política y el país en general no nos hubiéramos quedado callados por respeto al dolor de Íngrid y al de su familia; si hubiéramos desmitificado a tiempo esa falsa imagen de Juana de Arco criolla que retrata en su libro –*La rage au coeur*–, en el que sin rubor alguno ella aparece como la única persona con arrestos morales y éticos, dueña de la última alma insobornable que le queda a Colombia, Íngrid no se habría creído sus propias mentiras, no se habría arriesgado a ir a donde las Farc y hoy la tendríamos figurando en la política colombiana, al lado de una María Emma, caminando con el mismo donaire por encima de arenas movedizas; de una Noemí, abriéndose paso en el uribismo, o peleando desde la soledad opositora de una Piedad Córdoba.

Si Íngrid no hubiera caído obnubilada ante los halagos de los medios franceses que la convirtieron en personaje melodramático, a lo mejor hoy, después de su secuestro, los europeos no la habrían catapultado al estatus de luchadora por los derechos humanos, sin que antes lo hubiera sido, ni la hubieran graduado de líder ecológica, a pesar de que nunca se le conoció su pasión por los verdes.

Si en lugar de habernos silenciado por pudor, por solidaridad con su impotencia, a sabiendas de que el secuestro es como una muerte en vida y, en cambio, hubiéramos desempolvado, cuando era menester, episodios de su pasado que ella no quiere recordar y que la reducen infortunadamente al mundo de los mortales, al de los políticos que se equivocan, al mundo de las relaciones peligrosas, como cuando se la veía de la mano del controvertido político Carlos Alonso Lucio haciendo *lobby* en el Congreso para pedir la casa por cárcel para los narcos; si hubiéramos tenido el arrojo de decir que su paso por el Congreso tampoco dejó una huella indeleble en la memoria de los colombianos porque infortunadamente fueron muy pocas sus propuestas parlamentarias; si hubiéramos dicho todo esto, a lo mejor esta fábula que rodea la imagen de Íngrid en Europa no habría llegado a los extremos a que ha llegado hoy, cuando se cumplen dos años de su oprobioso

MARÍA JIMENA
DUZÁN

secuestro a manos de las Farc.

Pero no. La figura de Íngrid ha trascendido la ficción de su libro. Se ha vuelto mítica, un símbolo europeo, cada vez más inmanejable para los colombianos, incluso para quienes seguimos abogando por una salida digna y por un acuerdo humanitario que permita traer a casa a todos los secuestrados.

Ahora, según leo en la prensa europea, "su lucha" hace parte del inventario de símbolos que alientan la lucha contra la globalización. Y pensar que ella se ha caracterizado por lo contrario, por ser partidaria del liberalismo económico y por hablar duro contra la corrupción, pero siempre desde el establecimiento.

No sé si, desde su cautiverio, Íngrid comparte la forma en que Europa presiona y exige al Gobierno su liberación; ni si a ella le guste que se insista tanto en la suya cuando hay cientos de colombianos, secuestrados muchos antes de ella, pudriéndose en la selva en poder de la guerrilla, que no suscitan pancartas en la calle de París, porque no hablan francés. A lo mejor si los europeos **1-17**

• **La deificación...**

• **VIENE DE LA 1-16**

• nos conocieran mejor y nosotros a ellos, Íngrid nunca habría escrito ese libro, nunca habría creído ser la Juana de Arco colombiana y se hubiera resignado a ser una política brillante, inteligente, locuaz, tremendamente ambiciosa; una mujer valiente, dueña de un impresionante olfato político,

que hoy podría estar más cerca del Presidente de lo que muchos nos imaginamos.

DOCUMENTO 4

Esta columna de la célebre periodista María Jimena Duzán, en *El Tiempo* del día 23 de febrero de 2004, sobre la "falsa imagen de la Juana de Arco criolla", dada a Íngrid Betancourt, tuvo una fuerte repercusión en Colombia.

EMBAJADA DE COLOMBIA
EN FRANCIA

0191-PL-MGM

París, 10 de febrero de 2004

Señor Ministro:

Atentamente me dirijo a Su Excelencia con el fin de presentar en nombre de mi gobierno la más enérgica protesta por las declaraciones hechas por el diplomático francés Fabrice Delloye, Agregado Comercial de la Embajada de Francia en Ecuador, publicadas por el diario francés "Le Monde" en su edición de hoy, las cuales son totalmente inaceptables para del Gobierno de la República de Colombia.

Mi gobierno considera que no es del resorte de un funcionario diplomático francés, acreditado ante el gobierno de un país vecino de Colombia, opinar a través de un medio de comunicación sobre procesos que en el ámbito de su competencia interna adelanta el gobierno del Presidente Álvaro Uribe Velez. Esta opinión contraría el principio de la no injerencia en los asuntos internos, reconocido por el derecho consuetudinario internacional.

Las afirmaciones del agente diplomático de una nación amiga, además de reñir abiertamente con los usos y costumbres diplomáticos y las tradicionales relaciones de amistad y cooperación que unen a nuestros países, faltan abiertamente a la verdad y constituyen una afrenta a la persona del Jefe del Estado, doctor Álvaro Uribe Vélez, Presidente constitucional de la República.

El Gobierno de Colombia sabrá agradecer la rectificación por parte del Gobierno Francés de las difamantes declaraciones de su agente diplomático.

Me valgo de la oportunidad para reiterar a Vuestra Excelencia las seguridades de mi más alta y distinguida consideración.

Miguel Gómez Martínez
Embajador

Excmo. Sr. Dominique de VILLEPIN
Ministro de Relaciones Exteriores
República Francesa
PARIS

DOCUMENTO 5

Colombia emite una violenta protesta oficial contra Francia, el 10 de febrero de 2004, en una carta dirigida por su embajador en París a Dominique de Villepin, luego de los comentarios en la prensa de Fabrice Delloye, diplomático y primer marido de Íngrid, contra el presidente Álvaro Uribe.

Señor embajador:

Recibí su carta fechada el 10 de febrero, y se la agradezco.

Como podrá imaginárselo, las declaraciones de Fabrice DELLOYE no fueron pronunciadas en el marco de sus funciones como consejero comercial en Ecuador. Incluso teniendo en cuenta sus particulares circunstancias familiares, éstas no son aceptables.

Les solicité inmediatamente a mis colaboradores increpar fuertemente al señor Fabrice DELLOYE en su deber de reserva y le rogamos que se abstuviera estrictamente en el futuro.

Le envío, señor embajador, un cordial saludo,

Dominique de Villepin.

DOCUMENTO 6

Luego de la violenta reacción de Bogotá contra Fabrice Delloye, el ministro de Relaciones Exteriores de Francia, Dominique de Villepin, desautoriza al diplomático francés, quien será llamado inmediatamente por su gobierno, en un mensaje dirigido al embajador de Colombia en París.

DOCUMENTO 7

El ejército nacional de Colombia distribuye a sus más prestigiosos invitados este juego de póker, cuyas cartas tienen la foto de "terroristas" de las FARC, el ELN o las AUC, todos buscados por la justicia.

Manuel Marulanda, *Tirofijo*, fundador de las FARC. Este antiguo campesino lucha desde 1964 contra el orden establecido en Colombia, para instaurar un régimen comunista.

Raúl Reyes, Nº 2 de las FARC. Es el portavoz de la guerrilla. Recibió en 2005 al emisario francés Nöel Saez, luego de encuentros secretos que originaron una crisis entre París y Bogotá. El autor lo entrevistó en marzo de 2004.

Alfonso Cano, el intelectual de las FARC. Sometido a investigaciones internas y luego rehabilitado en 2003. Sería el designado para suceder a *Tirofijo*.

Fabián Ramírez, comandante de las FARC en el sur de Bogotá. Tiene en su poder a Íngrid Betancourt. Es reconocido en la guerrilla por ser un "duro", carente de alma y compasión.

Una carta de Renaud

Le Monde, París

02/11/05

Después de la publicación de nuestro artículo titulado "Renaud toca la corneta por Íngrid Betancourt, rehén en Colombia" (*Le Monde*, 26 de octubre), recibimos del cantante Renaud Séchan, mejor conocido como "Renaud", la siguiente aclaración:

Le Monde, que me había solicitado el texto de mi canción *En la selva*, compuesta especialmente para Íngrid Betancourt y todos los secuestrados de Colombia, interpretada en público por primera vez el 24 de octubre, la muestra como una sola crítica a las Fuerzas Armadas Revolucionarias de Colombia (FARC) como responsables del secuestro de Mme. Betancourt y de todos los rehenes políticos o anónimos.

Ustedes citan abundantemente las estrofas de mi canción, reflejo de mis sentimientos y convicciones que ponen en duda los métodos e ideología de las FARC, pero omiten las estrofas relacionadas con el combate político de Íngrid Betancourt (combate que secundo) contra la corrupción del presidente Uribe, así como de la mayoría de la clase política colombiana, y de los notables nexos entre, por un lado, el poder y los carteles de la droga y del crimen organizado, y por el otro, de estos mismos grupos narcotraficantes con los diferentes grupos armados, lucha también contra la miseria y la guerra que golpean desde hace demasiado tiempo al pueblo colombiano. Nunca concebí mi canción, ni mi participación en este concierto —como los que vendrán (infortunadamen-

DOCUMENTO 8

En una carta al diario *Le Monde*, publicada el 2 de noviembre de 2005, el cantante francés Renaud, quien acaba de componer la canción dedicada a Íngrid Betancourt en la selva, califica de "fascistas" tanto a la guerrilla de las FARC como al presidente colombiano Álvaro Uribe, elegido en 2002, en primera vuelta, con el 54% de los votos.

te...)— ni mis declaraciones a varios medios de comunicación que me solicitan, como impulsados únicamente por el aspecto humanitario (la angustia de la familia Betancourt).

Si este aspecto es prioritario para mí, por razones afectivas y humanas, también debo decir que soy un incondicional frente al combate político de Íngrid Betancourt, y todos mis actos y palabras siempre han correspondido a este sentimiento que me anima.

Para recordar, las estrofas "omitidas" por *Le Monde* dicen en resumen: "Anónimos olvidados, víctimas del conflicto que, de cada lado, nutre la barbarie... De los narcotraficantes, de un poder corrompido, de un indigno presidente ustedes pagan el tributo... Entonces cantando para ti, Íngrid, quiero también recordar que luchas contra un enemigo doble...".

Habrían podido citar también algunas palabras del texto que leí como preámbulo de la interpretación de mi canción, que decía: "Que esta canción golpee el corazón, si es que alguna vez han tenido, de los guerrilleros de las FARC y del presidente Uribe, ¡ya que esta canción mata a los fascistas que son!".

París, 2 de noviembre de 2005

Respetado señor:

Con estupor me entero de sus declaraciones relacionadas con la situación en Colombia.

Íngrid Betancourt es un símbolo de la lucha de la humanidad contra los secuestros. El sufrimiento de nuestra compatriota, privada injustamente de su libertad por el grupo terrorista de las FARC, debe generar la solidaridad internacional para condenar a aquellos que violan el más elemental de los Derechos del Hombre.

Lamento que su desconocimiento de la realidad colombiana le permita comparar a las FARC con el gobierno colombiano. El presidente de Colombia no es un "fascista" ni es "indigno", como usted lo afirma al diario *Le Monde*. Le recuerdo que fue elegido por el 52% de los colombianos en unas elecciones libres y democráticas, a las cuales se presentaron candidatos de todas las tendencias políticas.

No es cierto tampoco que Colombia sea un país "de los narcotraficantes, de un poder corrompido". Es una nación que lucha heroicamente combatiendo el narcotráfico. Usted debería tener un mínimo de respeto por los miles de colombianos que han muerto en esta guerra, de la cual los países consumidores tienen también su grado de responsabilidad.

Su sed de publicidad y su profunda ignorancia de los eventos que atraviesa nuestro país son evidentes. Estoy seguro de que Íngrid, desde su cautiverio, no comparte de ninguna manera sus irresponsables afirmaciones.

Los colombianos, señor, nos sentimos agredidos y maltratados por sus palabras y sus afirmaciones simplistas.

Miguel Gómez Martínez

Embajador de Colombia en Francia.

CARTA DE MIGUEL GÓMEZ A RENAUD

El embajador de Colombia en Francia reacciona violentamente en una carta dirigida a Renaud, el 2 de noviembre de 2005, frente a las opiniones del cantante sobre el régimen colombiano.

NECESIDADES LOGÍSTICAS
FUERZA AEREA

1. **MANTENIMIENTO C-130:** Disponibilidad permanente de transporte aéreo a través de los Aviones Hércules C-130, considerando que los actuales motores ya cumplieron su vida útil.

   * Motores T-56 y repuestos.

2. **REPUESTOS MIRAGE M-5:** Habilitar el funcionamiento y la seguridad operativa de este tipo de aeronaves, mediante el suministro de repuestos y armamento.

   * Repuestos Cañones calibre 20 mm. GIAT M-261
   * Repuestos Cañones calibre 30 mm.
   * Cartuchos de rearme DEFA 001 para cañon calibre 30 mm.
   * Paracaidas de Frenado
   * Repuestos sillas de eyección MARTIN BAKER
   * Elementos CAD/PAD para sillas de eyección
   * Lanzacohetes y cohetes de 68 mm.
   * Paquete de repuestos para perchas o portabombas
   * Repuestos

DOCUMENTO 9

Este documento (fragmento) de la armada colombiana, sobre sus necesidades en materiales militares, se entregó a las autoridades francesas en 2003. Las exportaciones francesas a Colombia en este terreno están congeladas por París desde el secuestro de Íngrid Betancourt por las FARC, para no indisponer a esta guerrilla. El perjuicio para la industria francesa de armamento sobrepasa los 700 millones de dólares.

Íngrid BETANCOURT / Propuesta de acción

La búsqueda de la liberación de Íngrid BETANCOURT es delicada, por varias razones:

• Colombia ha puesto, como principio inmodificable, la liberación de todos los prisioneros retenidos por las FARC.

• Las FARC rechazan la idea de un intercambio humanitario con condiciones (partida de los prisioneros al extranjero).

• Multiplicación de actores (personas privadas / ONG / gobiernos extranjeros —Canadá / USA—, interesados en el caso. Le confirmo que Álvaro LEYVA, quien tuvo, en efecto, vínculos con las FARC por haber puesto en contacto a Andrés PASTRANA con "Marulanda" en julio de 1998, es perseguido por la justicia colombiana por "lavado de activos". Además, un rumor persistente, del más alto nivel del Estado, diría que nuestro embajador tiene una relación íntima con la señorita Astrid BETANCOURT, la propia hermana de Íngrid. Incluso si esta información es infundada, el solo hecho de que me haya sido entregada por la ministra de Defensa y numerosos diplomáticos colombianos que no se conocen los unos con los otros es en sí mismo inquietante. Este rumor pone en evidencia el "juego" de la familia BETANCOURT, que queda en una posición dura: liberación de Íngrid contra los prisioneros de las FARC. Por otro lado, el antiguo marido francés de Íngrid es muy mal apreciado por el presidente URIBE. Hace declaraciones a la prensa colombiana diciendo que el presidente URIBE es inactivo y "sacrificó a Íngrid" en aras de la seguridad. Esta situación produce una especie de reacción de parte de las autoridades colombianas, que se traduce en un endurecimiento frente a Francia: toda acción unilateral de parte de Francia será percibida como una forma de injerencia y de entendimiento implícito con las FARC.

DOCUMENTO 10

Un agente de la DGSE había alertado a París, primero en enero y luego en febrero de 2003, sobre el asunto Betancourt. En sus notas internas, expone los conflictos de interés, sin nombrarlos, que representan los vínculos entre el embajador de Francia, Daniel Parfait, y Astrid Betancourt, hermana de Íngrid; denuncia el papel nefasto de Fabrice Delloye, primer marido de la rehén, y alerta contra cualquier "intervención unilateral" de Francia con las FARC. Este último consejo no lo seguirá el Quai d'Orsay.

Las autoridades colombianas son claras: no dudarían en señalarle esta situación a Estados Unidos, denunciando un "acuerdo" con un movimiento terrorista. Por ello, la situación es extremadamente delicada. A esto se suma que nadie excluye que Íngrid esté padeciendo el síndrome de Estocolmo, lo que haría de su liberación una plataforma política a favor de las FARC.

Me parece esencial, en dicho contexto, no pensar en ninguna acción unilateral con las FARC (pago de rescate / entrega de material), ya que sería extremadamente perjudicial para Francia.

• "Neutralizar", asegurándolo, al antiguo marido de Íngrid BETANCOURT, solicitándole frenar sus críticas públicas contra el presidente URIBE y la ministra de DEFENSA (calificada por el marido como enemiga de Íngrid BETANCOURT), críticas que provocaron la rígida reacción política, fundada sobre el principio de tratamiento idéntico para todos los secuestrados por las FARC.

(...)

Le recuerdo que el gobierno colombiano rechaza toda liberación selectiva y exige que sea para todos los rehenes de las FARC. El gobierno exige igualmente que las negociaciones se lleven a cabo fuera de Colombia y bajo la supervisión de las Naciones Unidas, dado el carácter terrorista de las FARC. Igualmente exige que los terroristas liberados sean acogidos y "vigilados" por un país amigo (¿Francia?), fuera del espectro regional.

Las FARC, por su parte, exigen una discusión en suelo colombiano, argumentando el carácter estrictamente nacional del conflicto y rechazan toda "injerencia" de las Naciones Unidas. El gobierno considera que las FARC no respondieron a su propuesta de liberación recíproca y global por razones humanitarias. Las FARC no tienen ninguna razón para responder a una propuesta que se basa en condiciones, para ellos, inaceptables. En este contexto, ya nada se mueve.

La consecuencia es que una intervención directa de Francia hacia las FARC provocaría una reacción muy fuerte del gobierno colombiano, que estaría dispuesto a llamar a la comunidad internacional. Igualmente, una operación de liberación individual de Íngrid BETANCOURT sería asumida como una agresión contra la estrategia gubernamental. La prudencia es entonces una necesidad.

TRIBUNE DE GENÈVE
LUNDI 1er SEPTEMBRE 2003

MONDE

Ingrid Betancourt refuse d'être échangée

Ingrid Betancourt. «Les civils ne peuvent servir de boucliers dans cette guerre. Non, non.»

DOCUMENTO 11

La *Tribune de Genève* publica, el 1º de septiembre de 2003, una nota de mi autoría fechada en Bogotá sobre Íngrid Betancourt, quien, en un video difundido por la guerrilla, se declara en contra de su liberación si los otros rehenes no se benefician de la misma medida de clemencia. Se trata de la última prueba de vida de la excandidata, recibida el 31 de julio de 2003.

A continuación, la traducción de la nota en cuestión:

Íngrid Betancourt rechaza ser liberada

Íngrid Betancourt está viva, y confirma su imagen de heroína, firme en sus principios, a pesar de llevar 18 meses en manos de la guerrilla, con su llamado por una intervención del ejército para liberarla y su rechazo de ser intercambiada. En un video transmitido por los rebeldes en el noticiero de televisión *Noticias Uno* el sábado, la excandidata de los Verdes para la elección presidencial en Colombia dio noticias suyas por primera vez desde el 15 de mayo de 2002, fecha de su único testimonio registrado hasta ahora.

"Estoy bien, con vida, y le pido a Dios que me ilumine para ponerme en pie cada día", declara Íngrid Betancourt, rehén de las Fuerzas Armadas Revolucionarias de Colombia (FARC) desde el 23 de febrero de 2002. Símbolo de la lucha contra la corrupción, la militante de 41 años aprovechó la ocasión, grabada después del 5 de mayo en un fecha no precisada, para declarar: "No estoy de acuerdo con un intercambio humanitario entre civiles y guerrilleros (...) Los civiles no pueden servir de escudo en esta guerra. No, no".

La divulgación de estos pasajes, sin censura, no constituye un error de los rebeldes. Las FARC, cuyos 17.000 hombres la convierten en la guerrilla más importante en un país inmerso hace 39 años en una guerra civil, con más de 200.000 muertos, no dudarían en eliminar a Íngrid Betancourt en caso de una intervención del ejército. El presidente Álvaro Uribe, a quien Íngrid Betancourt le rinde un homenaje, no había hecho ninguna declaración en relación con el mensaje de la célebre rehén.

⊜ Planeta

España
Av. Diagonal, 662-664
08034 Barcelona (España)
Tel. (34) 93 492 80 36
Fax (34) 93 496 70 58
Mail: info@planetaint.com
www.planeta.es

P.º Recoletos, 4, 3.ª planta
28001 Madrid (España)
Tel. (34) 91 423 03 00
Fax (34) 91 423 03 25
Mail: info@planetaint.com
www.planeta.es

Argentina
Av. Independencia, 1668
C1100 ABQ Buenos Aires
(Argentina)
Tel. (5411) 4382 40 43/45
Fax (5411) 4383 37 93
Mail: info@eplaneta.com.ar
www.editorialplaneta.com.ar

Brasil
Rua Ministro Rocha Azevedo, 346 -
8.º andar
Bairro Cerqueira César
01410-000 São Paulo (Brasil)
Tel. (5511) 3087 88 88
Fax (5511) 3898 20 39

Chile
Av. 11 de Septiembre, 2353, piso 16
Torre San Ramón, Providencia
Santiago (Chile)
Tel. Gerencia (562) 431 05 20
Fax (562) 431 05 14
Mail: info@planeta.cl
www.editorialplaneta.cl

Colombia
Calle 73, 7-60, pisos 7 al 11
Bogotá, D.C. (Colombia)
Tel. (571) 607 99 97
Fax (571) 607 99 76
Mail: info@planeta.com.co
www.editorialplaneta.com.co

Ecuador
Whymper, N27-166, y A. Orellana,
Quito (Ecuador)
Tel. (5932) 290 89 99
Fax (5932) 250 72 34
Mail: planeta@access.net.ec
www.editorialplaneta.com.ec

Estados Unidos y Centroamérica
2057 NW 87th Avenue
33172 Miami, Florida (USA)
Tel. (1305) 470 0016
Fax (1305) 470 62 67
Mail: infosales@planetapublishing.com
www.planeta.es

México
Av. Insurgentes Sur, 1898, piso 11
Torre Siglum, Colonia Florida, CP-01030
Delegación Álvaro Obregón
México, D.F. (México)
Tel. (52) 55 53 22 36 10
Fax (52) 55 53 22 36 36
Mail: info@planeta.com.mx
www.editorialplaneta.com.mx
www.planeta.com.mx

Perú
Grupo Editor
Jirón Talara, 223
Jesús María, Lima (Perú)
Tel. (511) 424 56 57
Fax (511) 424 51 49
www.editorialplaneta.com.co

Portugal
Publicações Dom Quixote
Rua Ivone Silva, 6, 2.º
1050-124 Lisboa (Portugal)
Tel. (351) 21 120 90 00
Fax (351) 21 120 90 39
Mail: editorial@dquixote.pt
www.dquixote.pt

Uruguay
Cuareim, 1647
11100 Montevideo (Uruguay)
Tel. (5982) 901 40 26
Fax (5982) 902 25 50
Mail: info@planeta.com.uy
www.editorialplaneta.com.uy

Venezuela
Calle Madrid, entre New York y Trinidad
Quinta Toscanella
Las Mercedes, Caracas (Venezuela)
Tel. (58212) 991 33 38
Fax (58212) 991 37 92
Mail: info@planeta.com.ve
www.editorialplaneta.com.ve